한눈에 읽는 외식창업 성공 이야기 [시리즈 3]

익숙함과 친근함의 키워드
한정식 전문점

김병욱 지음

 킴스정보전략연구소

김 병 욱 소장

킴스정보전략연구소 소장인 김병욱 박사는 소상공인 창업 지원 연구, 개발, 평가, 심사, 위원으로 활동하고 있으며, 삼성그룹사가 작사와 1등을 뛰어넘는 2등 전략과 창업 틈새 전략 외 150여 권의 저서를 발표한 바 있다.

그 밖에 방송·산업체 강의, 평가 등의 활동과 동시 월스트리트저널에 의해 21세기 아시아 차세대 리더에 선임된 바 있는 정보전략가임과 동시 경영컨설턴트이다.

Contents

Contents

Contents

Contents

Contents

Contents

I

한정식 전문점, 집밥이 그리운 밥맛

1. 한정식의 유래와 발전

1) 한정식의 유래

조금만 생각해도 한정식의 으리으리한 밥상이 조선시대에서 유래되었다는 것은 이상하다 느낄 수 있는데. 조선은 후기까지도 상업을 천시했으니 이러한 형태의 고급 요식업이 발달했을리도 만무하다. 게다가 수라상만 해도 대한제국에 와서야 황제가 되면서 12첩으로 늘어난 거지 조선시대까지 왕의 식단은 대체적으로 사대부와 같은 7/9첩상 이었다.

애초에 조선시대는 물론이고 일제시대까지 한국의 "정식"이란 궁중연회든 양반집이든 농민이든 여러 가지 음식을 1인분씩 개다리 소반 같은 독상에 차려 주는 것이 기본 이었다. 이를 위하여 마을마다 1인용 소반을 수십, 수백개씩 보관하는 공동창고가 있었다. 1980년대까지만 해도 안동에서 큰 제사를 치르면 참가한 사람들에게 밥을 차려줄 때 1인 상에 줬다.

2) 한정식의 유형과 음식

대체로 한정식에서 내오는 음식들의 형식은 궁중요리와 일본의 고급 숙박시설인 료칸(일본식 여관)에서 제공하는 가이세키(会席) 보통 1즙3채(一汁三菜), 1즙5채(一汁五菜), 2즙5채(二汁五菜)를 이용한다.

이러한 형식은 일제강점기의 기생집에서 비롯되었다는 주장이 있지만 반찬을 다수 놓고 먹는 건 조선민화에서도 수차례 나온다. 그리고 기생집의 겸상은 기생집을 운영하는 입장에서 편의상 겸상을 한 거지 정식으로 취급하지는 않았다.

심지어 1950년대까지 만해도 한정식이라는 말은 존재하지도 않았으며, 1960년대 와서 기생집이 세금문제로 간판 바꿔달고 음식점으로 바뀌면서 한정식이라는 적당한 이름 붙여서 우후죽순처럼 생겨나며 판매하기 시작한 것이다. 한국식 상차림의 기본인 밥, 국, 반찬과 김치, 장류에서 범위를 보다 확장해서 각 종류들을 늘려가며 상을 차렸다. 보통 육류요리로는 구이, 조림, 전, 찜, 육회 등이 올라오고 국물요리로는 전골 내지는 찌개가 올라오며, 생선회나 조개류 같은 갖가지 해산물이나 생채 및 숙채 그리고 절인 반찬 및 젓갈 등이 올라온다.

일부 한정식 집에서는 한상에 가득 나오는 것이 아니고, 코스 요리로 나오는 경우가 있다 이렇게 코스화된 한정식에서는 프랑스, 이탈리아 요리의 영향을 받은 조리법과 음식 등을 제공하기도 한다. 코스화된 점을 들어 이는 한정식이 아니라는 주장이 있지만 가이세키 또한 에도시대 초기에는 네덜란드의 영향을 받아서 발전했다. 또한 프랑스 요리도 18세기까지는 코스요리가 아니었다. 음식이라는 것은 시대에 따라 변화하는 것이다. 단순히 코스로 나오는 스타일이기 때문에 한정식이 아니라고 단정 짓는 것은 잘못이다.

2. 한식당 맛의 비결 밥 '쌀다운 쌀' 을 써야 보배

1) 도정일자 보면 쌀 품질 보인다.

쌀이 좋지 못하면 아무리 완벽한 취반조건이라도 제빛을 발하지 못한다. 그만큼 밥맛은 쌀에 의해 좌우된다. 그런데도 도정일자나 출처가 불분명한 정체불명의 쌀을 쓰겠는가? 건강하고 신선한 쌀만 선택해도 밥맛은 보장된다. 윤기가 흐르며 깨끗하고 투명한 쌀이 좋은 쌀이라고 한다. 전문가가 아닌 이상 이를 육안으로 구별하기는 어려운 것이 사실이다. 이때 한 가지만 확인하면 해결된다. 바로 도정일자다. 도정일이 최근일수록 좋은 쌀의 생김새와 가깝다. 도정된 쌀은 시간이 지날수록 수분이 감소하는 것은 물론 밥맛도 떨어진다. 따라서 도정일로부터 2주 이내에 소비해야 이후부터는 쌀이 산화되며 영양성분이 소멸되기 때문이다. 특히 도정한지 6개월 이상 되면 산성화돼 안 먹느니만 못하다. 갓 도정한 국산 쌀에 비해 미국산이나 중국산 쌀로 지은 밥의 맛이 떨어지는 가장 큰 이유는 상미기간 때문이다. 즉, 도정 후 밥을 지을 때까지의 시간이 매우 길어 만족도가 떨어질 수밖에 없는 것이다. 예를 들어 미국산 쌀은 미국에서 도정 후 포장해 국내에 수입돼 유통되기까지 최소 수개월 이상이 걸린다. 밥을 맛있게 먹을 수 있다는 '도정일로부터 2주'라는 기간의 도정 일자만 지켜도 달라진 밥맛을 느낄 수 있다. 그러기 위해서는 케케묵은 저가쌀에서 벗어나 적어도 20kg에 3~4만원대의 국산 쌀을 선택해야 한다. 도정한지 오래되거나 묵은 쌀은 냄새가 나고 불투명해지거나 누렇게 될 수 있다. 이를 감추기 위한 꼼수로 흑미 등이 쓰이는 경우가 더러 있다. 소량 사용으로도 냄새와 색을 잡아주기 때문이다. 웰빙 이미지를 위해 흑미를 첨가하는 경우가 있는데, 이를 두고 차라리 콩을 넣는 것이 낫다고 말한다. 감출 것이 없는 좋은 쌀이라면 아무 것도 첨가하지 않는 것이 밥 본연의 맛을 살리는 것이다.

2) 단백질 함량 낮을수록 윤기 흐르는 고품질 쌀

국산 쌀의 도정년원일은 양곡관리법에 따라 겉포장에 표시돼 있다. 이외에도 밥의 윤기와 푸석함의 정도에 영향을 미치는 단백질 함량이 표기돼 있다. 단백질 함량이 6%이하면 '수', 6.1~7%면 '우', 7.1%이상이면 '미' 다. 단백질 함량이 낮을수록 고품질의 쌀이다. 특히 품질등급은 '특', '상', '보통' 으로 나뉘며 특등급이 가장 좋은 품질을 뜻한다. 하지만 국립농산물품질관리원이 2017년 12월 발표한 양곡표시이행실태 조사 결과에 따르면 등급표시율은 24.8%에 불과했다. 쌀 등급표시는 의무사항이 아닌 권장사항이다. 따라서 등급검사를 하지 않은 경우에는 '미검사' 로 표시할 수 있어 대다수는 미검사로 표기된 채 유통된다. 등급표시 단속에 적발됐을 때 문제가 크기 때문에 애초에 표시를 안 하는 것이다.

품질등급과 마찬가지로 단백질함량 표기 역시 의무사항이 아니다. 하지만 표기가 안 된 제품들은 농산물품질관리원의 검사를 받지 않은 것이기 때문에 쌀 품종이나 도정일까지 덩달아 미덥지 않다는 문제가 제기되고 있다. 품질등급, 단백질 함량 등이 표기돼 있으면 품질이 보장되는 쌀일 확률이 높다.

3) 산패되기 쉬워 까다로운 현미 대신 분도미

현미란 벼에서 왕겨를 벗겨낸 것을 뜻한다. 쌀겨와 쌀눈이 그대로 유지된 상태다. 하지만 왕겨를 벗겨낸 순간부터 현미는 산패되기 시작한다. 특히 영양분이 많기 때문에 더 쉽게 산화된다. 만약 현미를 도정해 밥을 내면 '즉석 도정'이라고 한다면 엄밀히 말해 말장난, 눈속임이다. 현미는 높은 영양성분 탓에 유통과 관리가 어렵다. 이러한 현미가 언제 왕겨가 벗겨져 어떠한 상태로 유통됐는지 확인할 길이 없다. 진정한 즉석 도정은 현미가 아닌 벼로 해야 하는 것이 맞다. 아니라면 그저 보여주기 식의 구색 맞추기에 지나지 않는다. 백미는 누구나 부담 없이 먹을 수 있는 부드러운 식감으로 선호층이 두텁다. 하지만 현미에 비해 영양소가 거의 없는 점이 문제로 꼽힌다. 현미는 6시간 이상 물에 불린 후 밥을 지어야 하는 등 번거롭고 소화흡수율이 떨어진다. 특히 식감이 뻣뻣하고 거칠어 선호도가 낮다. 분도미는 백미와 현미의 대안으로써 다수의 업장에서 적용하고 있다. 즉석 가마솥밥을 내어주는 〈토담 화덕생선구이&보쌈〉에서 5~6분도미를 사용하고 있다. 영양소는 살리면서 가마솥에 지어 식감을 부드럽게 보완한 것이다. 5분도미는 현미와 백미의 중간 단계로, 쌀겨와 쌀눈이 남아있으면서도 겨층을 어느 정도 벗겨내 억센 식감을 완화해 준다.

⟨표1⟩ 도정도별 쌀겨층의 박리기준

분도	도정도 (현백율 %)	쌀겨층(미강)의 부위별 강층박리정도
1분도미	100	현미를 사용해 왕겨층 (겉껍질)만 제거한 현미, 이를 가지고 정미기에서 도정한다.
5분도미	96.0	5분도미, 측면부의 겨층(강층)이 어느정도 벗겨진 정도, 현미에서 종피만 벗겨낸다.
6분도미	95.2	측면부의 겨층이 완전히 벗겨진 정도
7분도미	94.4	배부 겨층이 완전히 벗겨진 정도
8분도미	93.6	하단부의 겨층이 완전히 벗겨진 정도
9분도미	92.8	동부와 상단부의 겨층이 완전히 벗겨진 정도
9.5분도미	92.4	흔히 말하는 쌀눈쌀이다. 종피와 호분층을 벗겨낸다.
10분도미	92.0	백미, 고량의 겨층까지 벗겨진 정도, 모든 껍질을 다 벗겨내기 때문에 쌀눈도 거의 떨어진다.
11~13분도미	90.0	정백미라고 부른다. 고량의 겨층까지 완전히 벗겨진 정도. 모든 껍질을 다 벗겨내기 때문에 쌀눈이 없다.

자료: 농촌진흥청. 국립식량과학원 (2017). (*1분도는 0.8% 현백가공율)

3. 밥맛 '쌀 품종'이 결정한다.

1) 품종 밥맛 좋아, 브랜드 중 90% 이상 혼합미

밥맛을 결정하는 기본적인 요소 중 하나가 '쌀 품종'이다. 밥 전문가는 좋은 품종일수록 밥맛이 뛰어나다고 강조한다. 쌀 품종이 밥맛을 좌우하는 강력한 무기다. 커피나 와인처럼 밥도 쌀 품종에 따라 맛이 다르다. 커피는 원두 품종을, 와인은 포도 품종을 따지는데 하물며 주식인 밥은 왜 쌀 품종을 따지지 않는지 모르겠다. 밥맛을 결정하는 요소는 쌀의 품종, 재배, 유통, 취반 도구, 밥 짓는 방식, 물 등 20여 가지가 있지만 가장 주된 요인은 쌀 품종이라며 쌀구매 시 브랜드나 산지는 따져도 품종을 눈여겨보는 소비자는 극히 드물다.

2) 산지는 따지면서 품종에는 무관심

문제는 무관심과 무지다. 쌀 선택 시 브랜드는 따지면서 품종을 눈여겨보는 사람은 극히 드물다는데 있다. 쌀에 나름 신경 쓴다는 식당도 무슨 품종의 쌀을 사용하느냐에 대해 명확하게 대답하는 경우는 거의 없다. '고시히까리를 사용한다' 정도가 전부인 반면 재배 지역이나 브랜드에 대해서는 비교적 명확하게 알고 있다. 이는 쌀 품종보다는 브랜드와 산지에 대한 홍보, 마케팅이 지배적인 것이 사실이다. 쌀 품종에 대한 인식이 낮을 수밖에 없는 이유이다. 유명한 쌀 산지라는 포장을 입혀 단일 품종보다 더 비싸게 내놓는 혼합미도 있을 정도이며 이를 교묘하게 이용하는 유통업자가 있을 만큼 쌀 품종에 대한 소비자의 인식이 낮은 편이다. 실제로 우리나라 식당은 쌀 품종에까지 관심 둘 정도의 수준은 아직 안 된다. 단일 품종, 특히 최고 품질 품종으로 밥을 지어내는 대중음식점은 잘 모를 정도로 그만큼 흔치 않은 실정이다. 이는 바꿔 말하면, 단일 품종으로 밥을 짓는 음식점에게는 기회의 시장일 수 있다는 뜻이다. 식당 밥이 하나의 경쟁력이 되기에 충분하다. 그렇게 하기 위한 투자는 필수다.

좋은 품질의 쌀을 저렴하게 먹을 수 있는 유리한 환경에서 단일 품종 쌀은 국산 혼합미와 가격이 크게 차이 나지 않는다. 혼합미 가격은 20kg 기준 보통 4만원대 초반이고 단일 품종은 그보다 조금 더 비싸다. 일본에 비해 우리나라는 좋은 품질의 쌀이라 하더라도 그만큼 값을 못 받는다.

〈표2〉 밥쌀용 최고 품질 품종과 주요 특성(14품종)

육성 년도	품종명 (계통명)	쌀수량 (kg/10a)	적용지역	주요특성
2003	삼광 (수원474호)	569	중부 평야지, 남부 중간지	외관 품질과 밥맛(0.3/0.15. 추청)* 매우 우수, 3대 병해 복합 내병성
2004	운광 (운봉30호)	586	중북부 중간지, 남부 중간산지	조생종 중 밥맛(0.28/0.04. 오대)* 가장 뛰어남. 내도복과 내병성
2004	고품 (수원479호)	548	중부 평야지, 남부 중간지, 중서부 해안지	쌀 외관 품질이 특히 뛰어남 밥맛 극히 양호(0.41/0.36. 일품)* 도열병 및 흰잎마름병에 저항성
2006	호품 (익산480호)	600	충남북 이남 평야지 (충남북, 전남북, 경남북)	외관 품질과 밥맛(0.56/0.37. 추청)* 매우 양호. 내도복 직파 적응성, 3대 병해 복합 내병성
2007	칠보 (영덕44호)	557	중부평야, 남부중산간지, 영남내륙평야 1모작지	고품위와 고식미(0.45/0.39. 추청)* 단간, 내도복성, 줄무늬잎마름병 저항성 이삭수가 많고 이삭당 벼알수가 적음
2008	하이아미 (수원511호)	538	중부평야지	쌀 외관, 밥, 윤기와 식미 양호 (0.39/0.04. 화성)*.필수아미노산 강화 (8종, 각각 22~49%, 평균 30% 고함유)
2008	진수미 (밀양218호)	555	영남내륙평야 1모작지	쌀 외관이 매우 양호, 밥맛 (0.45/0.39. 추청 우수. 도정특성 양호. 복합내병성

육성 년도	품종명 (계통명)	쌀수량 (kg/10a)	적용지역	주요특성
2009	영호진미 (밀양228호)	544	남부평야 1모작지	쌀 외관이 매우 양호, 밥맛이 우수 3대 병해 복합내병성
2010	미품 (익산505호)	564	충남 이남 내륙평야지 (충남, 전남북, 경남)	쌀 외관과 밥맛(0.50/0.02, 추청)* 우수. 도정특성 양호, 복합내병성
2011	수광 (익산520호)	549	충청 이남 평야지 (충남북, 전남북, 경남북)	쌀 외관과 밥맛(0.50/0.02. 추청)* 우수. 도정특성 양호, 복합내병성
2011	대보 (영덕51호)	593	동남부해안지, 영남과 중부평야지, 남부중산간지	중생종, 고품질, 숙색과 밥맛 양호 내도복성, 흰잎마름병과 줄무늬잎마름병저항성
2012	현품 (익산527호)	559	평택 이남 평야지 (충남북, 전남북, 경남북)	중만생종, 고품질, 숙색과 밥맛 양호 흰잎마름병과 줄무늬잎마름병 강
2013	해품 (익산537호)	526	충남 이남 평야지와 서남부해안지 (충남, 전남북, 경남북)	중생종, 내도복과 밥맛양호 흰잎마름병(K1~K3,K3a)과 줄무늬잎마름병 강
2014	해담쌀 (밀양275호)	548	영남 평야지	조생, 소득작물전작용 최고품질, 도정특성 양호, 조기재배 밥맛 우수 도열병, 흰잎마름병(K1~K3)과 줄무늬잎마름병 강, 내도복성

자료 : 농촌진흥청 국립식량과학원 '2015 주요 식량작물(벼)품종해설서'

4. 밥이 맛있는 한식당의 비결

1) 한식당 맛의 비결은 밥에 있다.

'한국인은 밥심으로 산다' 는 말처럼 우리나라 사람들은 밥을 떼 놓고서는 설명할 수 없는 민족이다. 맛있는 반찬에 '밥도둑' 이란 수식어를 붙이는 것만 봐도 그렇다. 1일 1식. 저탄수화물 고지방 다이어트 등 식습관의 변화로 삼시 세끼 꼬박꼬박 밥을 챙겨 먹는 사람은 드물지만 하루 한 끼라도 밥을 먹지 않으면 왠지 속이 허하다.

농림축산식품부는 지난 2016년 11월 밥과 쌀 요리가 맛있는 집을 발굴하기 위해 전 국민을 대상으로 '米' s KOREA' 공모전을 실시, 밥이 맛있는 식당 10곳, 쌀 요리가 맛있는 식당 10곳을 발표했다. 외식산업이 성장함에 따라 식당들이 쌀의 주요 소비처로 떠오르는 점에 착안해 쌀의 우수성을 확인시키고 집 밖에서도 쌀의 소비를 촉진하기 위함이다.

공모전은 국민들이 전국 곳곳에 숨겨진 맛집을 직접 추천하는 방식으로 진행됐으며 총 646건의 맛집이 후보에 올랐다. '밥맛이 남다른 米' s KOREA' 부문에는 쌀밥, 흑미밥, 잡곡밥, 곤드레밥, 대나무밥, 리소토 등 밥 자체가 맛있는 454곳이, '쌀요리로 소문난

米's KOREA' 부문에는 파스타, 국수 등 면 요리, 쌀디저트 등 쌀을 활용한 요리가 맛있는 집 192곳이 후보에 올랐다. 1차로 전국 각지에서 선정된 국민 평가단이 심사를 진행했고 2차로 전문가 평가단이 직접 식당을 방문해 음식, 서비스, 분위기, 우리 쌀 홍보 등에 대해 심사를 진행했다. 이렇게 선발된 밥맛이 남다른 米's KOREA 10곳에는 손수 길러 수확한 지역 명품 쌀인 백진주 쌀만 고집하는 경상북도 안동의 '석송가든', 유기농 우렁이쌀을 공수해 매일 직접 오분도정한 밥을 선보이는 '둥구나무' 등이 선정됐다. 이중 수도권을 중심으로 4곳을 대상으로 남다른 밥맛의 노하우와 비결을 알아보았다.

밥이 맛있는 식당은 국내에서 쌀이 좋기로 유명한 명지의 우수한 쌀을 사용한다. 맛 칼럼니스트 황교익이 극찬한 '일미식당'은 포천 경기미를 사용하고 '둥구나무' 사당점은 당뇨를 예방하는 상주 유기농 우렁이쌀로 밥을 짓는다. 한정식집 '남도마루'는 전남 강진의 우렁이농법 쌀과 기능성 쌀인 해죽순쌀을 섞어 밥을 하고 전주비빔밥의 명가 '고궁' 전주본점은 비빔밥에 알맞은 쌀 중 최상급 쌀인 김제 옥토진미를 사용한다.

또 하나의 공통점은 이런 우수한 쌀을 갓 도정하거나 일주일내로 도정해 사용한다는 점이다. '둥구나무'는 식당에 도정기계를 두고 매일 오분도미를 만들어 쓰고 있으며 다른 식당들도 직거래 루트를 통해 도정 일주일 내로 쌀을 받아서 사용하고 있다.

마지막 하나는 반찬이다. 신선한 식재료에 슴슴하게 간을 해 재료 본연의 맛을 살린 반찬은 저 혼자 튀지 않는다. 밥과 함께 먹었을 때 가장 맛있는, 말 그대로 반찬(飯饌)이다. 일미식당은 MSG를 쓰지 않고 생물오징어를 사용해 식감을 살린 오징어볶음을 '둥구나무' 는 제철에 나는 국내산 약초를 사용해 장아찌를 담그고 '남도마루' 도 제철 해산물로 신선한 밥상을 차려낸다.

고궁 전주본점은 비빔밥에 어울리는 쌀 품종을 선택해 고명과 양념, 밥이 한 데 잘 어우러지는 맛을 추구한다. 밥은 그 자체로도 맛 있지만 다른 찬과 곁들여 맛이 잘 어우러질 때 최고의 밥맛을 낸다.

2) 갓 지은 밥을 내야 성공

쌀다운 쌀을 선택했다면 이젠 갓 지은 밥을 지어낼 차례다. 국내 식당 밥의 대명사는 스테인리스 스틸 그릇에 담긴 밥이다. 뚜껑까지 덮인 채 가장 빨리 제공된다. 미리 퍼 온장고에 보관했다가 꺼낸 밥 일 확률이 높다. 관련 전문가들이 국내 식당 밥의 문제로 꼽는 것이 바로 그 부분이다. 일본은 어떤 곳이든 음식을 주문하면 밥을 가장 마지막으로 내는데 한국은 제일 먼저 낸다. 밥뚜껑과 온장고만 없어도 밥맛은 훨씬 좋아질 것이라고 말한다.

또 국내 식당 밥 수준을 봤을 때 갓 지어내기만 해도 밥맛은 어느 정도 인정받을 것이다. 고객은 누구나 위쪽에 물을 잔뜩 먹어 떡처럼 뭉친 밥이 아닌 밥알이 살아있는 고슬고슬하고 찰진 밥을 먹고 싶어 한다. 따라서 고객의 니즈를 만족시키는 식당은 밥에서만큼은 경쟁력이 있다고 자부할 수 있을 것이다.

II

토속전통 한정식의 맛과 비결

1. 갓 지은 맛있는 밥을 경쟁력으로 만든 브랜드

1) 우렁이농법 쌀밥과 남도 한정식 〈남도마루〉

여의도 국회의사당 정문에 위치한 〈남도마루〉는 국회의원들 사이에서 신선한 해물을 이용한 남도 한정식을 선보이는 곳으로 유명하다. 여야를 막론한 유명인사 뿐만 아니라 주변 증권가의 비즈니스맨들이 자주 찾는 명소로 소문이 자자하다.

이곳의 고소한 밥맛은 남도의 향기가 물씬 풍기는 찬들과 어우러져 한정식의 맛을 한층 끌어올린다. 밥맛의 비결은 바로 이곳 대표의 고향인 전라남도 강진에서 올라온 친환경 우렁이농법 쌀이다. 고향에서 직접 농사를 짓는 사촌 형의 도움을 받아 도정 일주일 이내의 신선한 쌀을 수시로 공급받는다. 즉 미리 도정을 해놓은 쌀은 수분이 날아가 푸석푸석하고 맛이 없기 마련이다.

갓 도정한 쌀은 언제나 가을에 생산된 햅쌀처럼 촉촉한 밥맛을 자랑한다. 남도마루에서는 밥을 할 때 기능성 쌀인 해죽순쌀을 섞어 밥맛과 건강을 동시에 챙기고 있다. 해죽순은 항산화, 항염증 작용이 강한 약용식물로 미얀마 정글지대 바닷가 갯벌에 서식한다. 이것을 국내산 쌀과 배합해 기능성 쌀인 해죽순 쌀을 생산한다. 일반 쌀에는 부족한 미네랄, 칼슘 등 영양성분이 풍부해 청소년 성장발달과 노화방지에 효과가 있는 것으로 알려져 있다. 밥과 잘 어울리는 남도마루의 대표메뉴는 짱뚱어탕 한상과 굴비찜정식으로 각각 메인 메뉴인 짱뚱어탕과 굴비찜에 맛깔스럽게 차려낸 남도 요리와 반찬을 한상차림으로 낸다.

최근 선보인 짱뚱어탕은 목포에서 산지 직송한 짱뚱어에 얼갈이 배추와 저염 된장, 들깻가루를 넣어 추어탕처럼 끓인다. 구수한 된장 맛과 향긋한 들깨향이 어우러져 밥을 말아 먹어도 잘 어울린다. 영광 법성포 굴비로 쪄낸 굴비찜은 간이 짜지 않아 갓 지은 밥맛을 느끼기에 안성맞춤이다. 양념한 토하젓을 뜨끈한 밥에 올려 쓱싹쓱싹 비벼 먹으면 탱글탱글한 밥알과 함께 짭짤한 민물새우의 맛이 느껴진다. 제철 배추와 열무에 된장, 식초, 매실액을 넣고 버무린 샐러드도 새콤한 맛으로 입맛을 사로잡는다. 강원도 인제에서 가져온 콩으로 직접 만든 두부는 고소한 맛이 진해 밥과 함께 먹으면 맛이 배가 된다. 음식들의 색깔도 조미료나 첨가제를 전혀 사용하지 않고 천연 재료를 사용해 낸다.

메뉴는 짱뚱어탕 한상 2만9000원, 굴비찜정식 3만8000원, 남도상 6만원, 마루상 8만원이며 주소는 서울 영등포구 은행로3이며, 전화는 02-761-9937 이다.

2) 포천 경기미로 갓 지은 밥맛 〈일미식당〉

'일미식당' 고향원은 20년 전 서울 종로구 낙원상가 지하1층 구석에서 테이블 3개로 식당 운영을 시작했다. 밥심으로 일하는 주변 상인들의 끼니를 책임진다는 마음으로 밥은 꼭 맛있어야 한다는 철학을 지켜온 결과 수요미식회 맛집, 먹거리 X파일의 착한식당 1호점으로 이름을 알렸다. 현재는 낙원상가 지상 1층에 83㎡(25평) 규모의 2호점을 열어 하루 200명 이상의 고객들을 맞이하고 있다. 쫀득하고 차진 밥이 맛있기로 소문난 일미식당 밥맛의 비결은 주문이 들어오면 갓 지은 밥을 바로 공기에 담아 손님상에 내는 것이다. 이는 뜸 들여서 바로 떠먹는 밥이 가장 맛있는 밥이라며 고객들에게 가장 맛있는 밥을 내주기 위해 하루 15번 이상 많게는 30번 정도 10인분씩 밥을 하는 수고스러움을 마다하지 않는다. 덕분에 고객들은 늘 갓 지어 뜨끈뜨끈하고 차진 밥을 먹을 수 있다. 맛있는 밥 짓기 노하우는 이뿐만이 아니다. 일미식당에서는 전기밥솥의 3분의 1만 채워 밥을 한다. 한통 가득 밥을 하게 되면 전체적으로 골고루 익지 않아 아래는 진밥이 되고 윗부분은 된밥이 되기 때문이다. 좋은 쌀을 고르는 것도 중요하다. 도정한 지 얼마 안 된 포천 경기미를 수시로 구입해 사용하고, 쌀을 씻을 때는 3~4번 정도 쌀뜨물을 버린다는 느낌으로 헹궈낸 뒤 맑은 물이 나올 때가지 물을 틀어 흘려보낸다. 이렇게 씻은 쌀을 1시간 정도 불려 씹어봐서 딱딱한 느낌이 없을 때 밥을 짓는다. 차진 밥과 잘 어울리는 일미식당의 대표메뉴는 청국장찌개와 오징어볶음이다. 청국장찌개에 들어가는 청국장은 일주일마다 전주 농가에서 직접 띄운 청국장을 주문받아 사용하고 있다. 국내산 천일염과 콩으로 만든 청국장은 구수하고 짜지 않아 밥 본연의 맛을 살려준다. 멸치육수에 무, 바지락, 감자, 청국장, 직접 담근 묵은지를 넣고 끓인 다음 손님상에 내기 전 뚝배기에 담아 팽이버섯과 두부, 청양고추, 파를 넣고 다시 끓인다. 오징어 볶음에 들어가는 오징어는 생물을 사용해 탱글탱글하면서 부드럽다. 양파, 미나리, 고추장, 고춧가루 등 양념과 채소를 넣고 2분 안에 빠르게 볶아낸 오징어의 식감을 살리는 것이 포인트, MSG를 넣지 않은 제철 반찬들은 자극적이지 않아 고소한 밥맛을 느끼게 한다. 사과즙으로 단맛을 낸 배추 겉절이와 까나리 액젓을 넣고 새콤하게 익힌 알타리 김치는 밥맛을 돋운다.

메뉴는 청국장찌개 7000원, 콩비지찌개 8000원, 오징어볶음 1만 6000원(2인분), 제육볶음 1만6000원(2인분)이다. 현 주소는 서울시 종로구 삼일대로 428 이며, 전화는 02-766-6588 이다.

3) 건강 한식 1인 소비 트렌드와 접목 〈미스터 시래기 더 심플〉

㈜푸드앤이노베이션의 미스터시래기는 전통 식재료인 시래기와 곤드레를 현대적으로 재해석한 한식 브랜드로 다양한 연령대의 고객에게 큰 호응을 얻고 있다. 푸드앤이노베이션은 최근 1인 소비 트렌드와 빠른 서비스를 원하는 소비자의 니즈를 발 빠르게 파악, 지난 2016년 7월 건강한 음식을 간편하게 먹을 수 있는 세컨 브랜드 ' 미스터시래기 더 심플(THE SMPLE)' 을 론칭했다.

㈜푸드앤이노베이션의 미스터시래기를 운영하며 꾸준히 국내·외 외식시장에 대한 벤치마킹을 다닌 결과 앞으로 주목해야 할 키워드는 '간편식' 이라고 판단, 간편식 시장을 겨냥한 세컨 브랜드 '미스터시래기 더 심플' 을 론칭했다. 더 심플이라는 표현처럼 미스터시래기의 주요 식재료를 살려 반상으로 제공, 주문 및 운영시스템을 최소화해 심플하게 선보인다는 전략이다. 푸드앤이노베이션의 대표는 간편한 한 끼 식사를 원하는 소비자를 타깃으로 선정, 빠르고 효율적인 방식으로 제공하고 있으며 신속성과 간편성을 강화한 만큼 음식의 퀄리티를 유지하기 위해 주방과 매장 운영 시스템 정비에 심혈을 기울이고 있다. '간편식' 이라는 콘셉트에 맞춰 메뉴 기획보다 공간 디자인을 먼저 실행했다. 주문이 들어왔을 때 주방에서 조리하

고 서빙하는 동선이 겹치지 않고 운영 프로세스를 단순화한 결과, 동탄 센터포인트몰 33㎡(10평) 매장은 아르바이트생 포함 3~4명이 운영하는 인원을 최소화 했음에도 불구하고 일평균 200만원 이상 매출을 올리고 있다. 이곳 대표는 세컨 브랜드 론칭 시 주의해야할 점에 대해 트렌드에 흔들리지 않고 브랜드의 정체성을 고수하는 것이 가장 중요하다고 말한다. 차별성 없이 따라가기만 하는 트렌드는 결국 오래 생존하지 못한다는 것이다. 트렌디하지만 브랜드가 추구하는 정체성을 잃지 않으면서 프랜차이즈 본사에서 어떤 목적을 수립하고 어떻게 준비하고 실행하는지가 브랜드 생존력을 결정한다고 강조한다.

〈미스터시래기〉는 건강한 밥상에서 볼 수 있는 시래기, 곤드레, 쌈채소와 함께 고기류를 즐길 수 있는 브랜드로 각광을 받고 있다. 시래기 전골불고기, 곤드레 된장불고기와 시래기밥, 곤드레 만두전골 등 건강하고 맛있는 메뉴들이 폭발적인 인기를 끌면서 최근 한식 프랜차이즈 브랜드 중 예비창업자들의 가장 뜨거운 관심을 받고 있는 곳 중 하나다.

이곳 대표는 〈미스터시래기〉브랜드를 전개하면서 가장 중요하게 생각한 부분은 관점의 변화다. '회사가 팔고자 하는 것'을 보지 않고 '소비자가 사고자 하는 것'을 보기 시작한 것이다. 대표는 처음 창업을 했을 때 '음식점은 맛있으면 된다'고 생각했지만 현실은 냉혹했다. 대중들에게 맛있다고 평가 받을만한 음식을 만드는 것이 어렵고, 그것보다 어려운 일은 그렇게 만든 음식을 잘 팔리게 하는 것이라는 사실을 뒤늦게야 깨달았다.

시행착오를 겪으면서 관점의 변화와 함께 메뉴의 변화를 시도하게 됐다. 기존에 다루던 시래기 메뉴들(시래기 육개장, 시래기 감자탕, 시래기 고등어조림)을 퇴출시키게 된 것이다. 새로운 메뉴를 기획하면서 가장 익숙한 카테고리인 불고기를 선두에 내세웠다.

새로운 시도는 보기 좋게 통했다. 기존에 시래기와 곤드레를 고기와 함께 먹었던 경험들이 있었기 때문에 입소문이 날개달린 듯 뻗어나갔다. 대치동 주택가 12개 테이블의 작은 매장에서 월 매출이 1억 3,000만원까지 나왔으니 소비자들의 기대와 관심은 폭발적이었던 셈이다. 스스로의 생각에 매몰되지 않고 관점의 변화를 꾀한 유동성이 사업에 비전을 보여준 것이다.

〈미스터시래기〉의 매장 하나를 성공적으로 론칭 하게 되면서 수많은 가맹문의가 왔다고 한다. 하지만 회사 측은 가맹점 개설보다는 브랜드 강화에 포커스를 두고 사업을 전개했다. 하나의 점포가 성공한 것뿐이지 브랜드로서 기초는 아직 미흡하다는 냉철한 분석에 의한 판단이었다. 대표는 가맹점 개설을 뒤로 하고 회사 차원의 역량

강화를 하는 과정에서 롯데몰에 입점하게 됐다. 이는 브랜드 파워를 키워나가는 것과 동시에 다양한 상권에서 〈미스터시래기〉의 메뉴를 검증하고자 하는 시도였다. 대학원에서 경영학을 전공하고 조직생활을 하면서 영업 마케팅 업무를 했으니 실패라는 것에 대해 쉽게 인정을 하지 못했던 시절이 있었다. 스스로 실패할 수 있다고 인정을 하고 모든 걸 내려놓는 순간 새로운 길이 보였고 그때부터 더 공부를 하게 됐다. 음식점 하는데 무슨 공부가 필요할까 싶은 생각을 했던 시절이 있었지만 생각을 바꾸니 기업을 해야겠다 싶었다. 기업을 하고자 하니 내 자신이 너무 부족하다고 느껴져 지금도 사업을 해나가면서 업계 동향 파악과 시장에 대한 공부에 가장 많은 시간을 할애하고 있다. 결국에는 누가 더 집중을 하느냐의 싸움이라고 보았다. 한발 더 나아가는 이가 승자가 될 것이라고 믿어 의심치 않았던 것이다.

〈미스터시래기〉는 롯데몰 수원, 광교 아브뉴프랑, 판교 아브뉴프랑 등의 직영점 개설을 통해 브랜드의 모습을 갖춰왔다. 1년여의 시간을 거치면서 직영점들의 활발한 영업상황과 대형 상권에 입점한 브랜드로서 신뢰성을 높인 덕분에 가맹점 문의가 쇄도하고 있다.

〈미스터시래기〉는 '벤치마킹, 관찰, 결심' 세 가지 키워드를 항상 중요하게 생각한다. 선진화된 시스템과 문화를 자신의 사업에 어떻게 '벤치마킹' 하며 적응할 것인가를 연구한다. 해외 출장도 자주 나가, 현지 시장에서 '관찰' 의 과정을 통해 현미경으로 들여다 보듯 사업적으로 큰 맥락이 쉽게 잡힐 때가 많다고 대표는 말한다. 또한 '결심' 은 아무리 좋은 아이디어나 사업의 기회가 와도 적절한 타이밍에 결심을 하지 않으면 무용지물이라는 생각에 결심을 중시했다. 가맹점주와의 상생과 더불어 회사가 성장할 수 있는 공존의 모델이 무엇일까 고민하는 것이다. 식자재 유통에 너무 의지하지 않으려 하는 편이다. 국내에서 로열티 베이스로 프랜차이즈를 그리 많이 전개하지 않는데 〈미스터시래기〉는 로열티 베이스로 사업구조를 짜고 있다. 결국에는 가맹점측의 원가 구조를 건실하게 만들어 결과적으로 영업구조를 탄탄하게 만들어 준다. 궁극적으로 브랜드력을 키워야 시장에서 가맹점이 경쟁력이 생기기 때문에 브랜드 마케팅 회사로 포지셔닝 한다.

〈미스터시래기〉는 직원들에 대한 복지에도 신경을 많이 쓰고 있다. 자녀수에 따른 육아비 지원과 초등학교 입학금 지원부터 자녀 학자금 지원, 안식년 제도를 통한 재충전 기회 부여 등을 실천하고 매월 책 한 권을 선정해 직원들과 함께 독서를 시행하고 읽은 내용을 가지고 함께 토론하는 시간도 갖고 있다. 〈미스터시래기〉는 현재 버전에서 조금 더 가볍게 접근 할 수 있는 메뉴 구성들로 〈미스터

시래기〉익스프레스도 론칭하였다. 현재 가맹점 60개, 매출 200억을 달성하고 있다.

미스터시래기 더 심플 ㈜푸드앤이노베이션은 2016년 7월 브랜드를 론칭해 미스터시래기 The Classic 직영점 4개, 가맹점 6개를 보유하고 있으며 미스터 시래기 The Simple가맹점 1개를 보유하고 있다. 진행 인원은 총 6명 (브랜드 총괄 1명, 기획 1명, 메뉴 기획 2명, 그래픽·공간 디자이너 2명)이다.

명확한 콘셉트와 고객 니즈에 맞춘 브랜드 디자인으로 간편식 한식 브랜드로 자리매김 하였으며 한식 프랜차이즈로 간편식 시장 진출이라는 목표를 설정하였다.

미스터시래기의 인기메뉴는 시래기 불고기 전골, 바싹 양념불고기, 치즈매운불고기와 에그비빔 등이 있다.

현 주소는 서울시 서초구 반포대로 88(서초3동 1545-15), 전화는 02-6405-0730 (www.mrsiraegi.co.kr)이다.

4) 웰빙 브랜드로 자리매김 〈채선당〉

어느덧 '웰빙 외식'의 대명사가 된 〈채선당〉은 2001년 경기도 의정부에 게요리전문점 '대게도락'에서 점심 특선으로 선보인 샤브샤브가 인기를 끌자, 이듬해 이를 '채선당 샤브샤브'로 독립시켜 의정부 신곡동에 직영 1호점을 내면서 시작됐다. 이후 2005년에 본격적으로 법인을 설립하고 프랜차이즈 사업을 시작한 후 지금에 이르렀다. 오랫동안 외식업에 종사한 노하우를 바탕으로 품질 좋은 식재료와 서비스 마인드 등 기본을 충실히 하며, 〈채선당〉이 선진국의 전통 레스토랑처럼 100년 이상 가업으로 이어갈 수 있는 브랜드가 되는 것을 목표로 하고 있다.

현대의 외식에서 가장 중요한 선택 기준은 '웰빙'이다. 2016년 5월 취업포털 인크루트와 〈채선당〉이 공동으로 20대부터 40대까지의 직장여성 429명을 대상으로 외식메뉴 선호도 조사를 실시한 결과, 80% 가까이의 응답자가 외식 메뉴 중 웰빙에 도움이 되는 메뉴로 저칼로리 고영양식인 샤브샤브를 선택했다. 〈채선당〉 샤브샤브는 친환경 채소를 제공하는 유일한 샤브샤브 전문 브랜드로 신선한 채소와 쇠고기 등심, 샐러드, 삼색김치, 칼국수, 만두, 영양죽으로 구성된 푸짐한 메뉴를 샤브샤브 방식으로 합리적인 가격에 제공함으로써, 웰빙 트렌드에 맞는 샤브샤브 붐을 일으킨 일등 공신이라 할 수 있다. 〈채선당〉은 지난 10년 동안 웰빙이라는 가치 아래 고객에게 사랑 받고, 감동을 주는 1등 기업을 비전으로 삼아 건강한 맛을 지키기위해 노력해왔다. 그 결과 '〈채선당〉=안심 먹거리'라는 공식까지 생겼다. 이제 샤브샤브는 불황을 이겨내는 성공 창업아이템으로 떠오르고 있다. 〈채선당〉은 대표적인 웰빙 브랜드로서 현실에 안주하지 않고 다양한 연령층이 건강하게 샤브샤브를 즐길 수 있을 뿐만 아니라 여러 웰빙 아이템을 만날 수 있는 공간으로 자리 잡았다.

〈채선당〉이 탄탄한 성장세를 이어올 수 있는 원동력은 고객들이 샤브샤브를 더욱 건강하게 즐길 수 있게 하려는 정직한 노력에 있다. 목표를 실천하고 지키려는 부단한 노력이 바로 〈채선당〉의 핵심 자산이자 경쟁력이다. 이러한 노력은 기업 스스로 발전과 혁신을 위하는 사내문화 조성과 관계가 깊다. 수발주시스템을 통해 가맹점주를 대상으로 배송상태 및 가격 등에 관한 만족도 조사를 정기적으로 진행하고 있으며, 품질 관리 차원에서 설문지를 발송해 피드백을 받는 등 가맹점주들의 건의사항이나 개선사항 등 생생한 목소리를 듣기 위한 다양한 창구를 마련하고 있다. 또한 사내에서는 매월 시스템 및 제도개선을 위한 아이디어 제안을 취합해 시상하고 있으며, 채택된 아이디어는 바로 실무에 적용하여 품질향상 및 업무효율을 제고하고 있다. 대표이사 이하 각 본부 임원진이 매주 목요일 직접 전국 가맹점을 방문하여 현장을 점검하고 가맹점주의 애로 및 건의사항을 청취하는 임원현장경영제도를 실시하고 있기도 하다. 경영진이 직접 가맹점주의 의견을 듣고 이를 특히 현장에 적용하는 혁신적인 행보로 인해 가맹점주와 두터운 신뢰관계를 쌓는 것이다. 또한 현장중심 업무를 통한 고객만족도 향상과 가맹점 매출 증대 등의 시너지 효과로 인해 〈채선당〉이라는 브랜드에 대한 호감도는 날로 커지고 있다.

〈채선당〉은 '2013년 대한민국 퍼스트브랜드 대상'을 수상하며 6년 연속 소비자에게 사랑 받는 대표적인 샤브샤브 브랜드로 인정받았다. 〈채선당〉을 방문한 경험이 없는 고객조차도 정보를 통한 사전 인지와 간접체험으로 자연스럽게 우수 브랜드로서 신뢰도를 높이는 데 큰 몫을 한다. 6년 연속 프랜차이즈 대상을 받고 2년 연속 우수 프랜차이즈 I등급 지정을 받는 등, 공신력 있는 기관을 통한 수상을 우수한 프랜차이즈 시스템을 갖춘 브랜드임을 점주들에게 재확인 시켜주는 효과가 있다. 가맹점주 스스로 브랜드의 가치와 경쟁력을 제대로 알고, 매장 운영에 자부심을 가질 수 있다는 점에서도 브랜드력의 역할은 중요하다. 〈채선당〉은 앞으로도 '가맹점을 반드시 잘 되게 해줘야 한다!'는 목표 아래, 기존 가맹점의 매출 증대를 위해 모든 역량을 집중해 나가고 있다. 특히 라이스페이퍼에 싸 먹는 월남쌈 메뉴가 2011년 출시 이후 인기메뉴로 자리잡으면서 〈채선당〉의 BI 역시 대표 메뉴격인 월남쌈을 내세운 형태로 새롭게 변화했다. 리딩 브랜드로서 늘 적극적인 도전과 혁신으로 소비자의 변화하는 니즈를 읽고, 끊임없이 노력하겠다는 의지로, 새로운 BI와 함께 또 한번 도약의 기회를 가질 것이다. 웰빙 트렌드를 타고 너도나도 '웰빙'을 외치는 브랜드와 아이템이 많았지만 신선한 재료와 건강한 맛으로 고객 만족을 안기는 곳은 〈채선당〉뿐이라는 평가에 더욱 가치가 상승했다. 경쟁자가 많을수록 장점이 더 돋보이게 된 것이다. 채소는 모두 친환경이며, 특히 그 가운데 일부 쌈, 채소는 최고 단계인 유기농이다. 또 천연재료를 사용해 자체 개발한 육수와 소스, 각종 독소를 제거해 주는 '황동냄비' 등을 사용하고 있어 고객들이 믿고 가는 외식 공간이 됐다.

또한 〈채선당〉은 가맹점 경쟁력 강화를 통해 전체 브랜드 파워를 높여야 한다는 생각에서 현장중심의 가맹점 경영지원 프로그램을 강화해 나가고 있다. 특히 고객에게 좋은 식재료를 제공하기 위한 안정적인 물류시스템 구축과 운영을 강조하고 있는데 샤브샤브 브랜드 중 유일하게 친환경 채소를 사용하고 있고, 이를 안정적으로 수급하기 위해 전국 6개 영농조합으로부터 계약재배 형태로 공급받고 있다. 가맹점과의 소통강화를 위해 가맹점주가 채선당 운영 노하우를 바탕으로 직접 신메뉴 개발에 참여하는 기회도 만들고 있다.

깨끗한 친환경 채소 고집해온 원칙 〈채선당PLUS〉의 15년차 롱런의 비결을 보면 '야채가 신선한 집'이라는 캐치프레이즈를 원칙과 신념으로 철저하게 지켜온 샤브샤브 브랜드다. 12년 전 경기도 의정부에 첫 직영점 오픈 이후로 친환경 식재료 공급에 주력하며 소비자에게 '건강하고 신선한 채소를 푸짐하게 먹을 수 있는 집'으로 포지셔닝, 샤브샤브의 대중화에 중심축이 됐다. 2013년에는 〈채선당 PLUS〉브랜드를 론칭, 메인인 샤브샤브에 샐러드 바를 접목해 웰빙형 한식브랜드로서의 발을 내디뎠다.

15개 친환경 농장 계약재배로 친환경 신선한 채소를 제공하고 있다. 채소는 환경이나 날씨 변화에 민감하게 반응하기 때문에 친환경 시스템으로 고품질의 채소를 수확하는 일이 쉽지 않은 데다, 신선한 채소 상태를 유지하며 10년 이상 꾸준히 공급받을 수 있는 것은 유통업체와 본사 간의 신뢰와 파트너십도 반드시 필요한 일이다. 채선당의 가장 큰 강점이자 경쟁력은 바로 17년간 단 한 번의 착오 없이 깨끗하고 신선한 채소를 꾸준히 공급받아 왔다는 점이다. 전국 15개의 친환경 농장과의 직거래로 품종별 날씨가 자연재해, 환경 상관없이 일정한 품질을 안전하게 약 300개의 각 가족점으로 일괄 공급할 수 있었다. 식재료에 대한 고객의 오랜 신뢰는 현재 대기업 한식 브랜드들의 역공 속에 중심을 지키며 차근히 가맹사업을 진행해 갈 수 있는 브랜드 파워로 이어지고 있다.

채선당은 론칭 10년 만에 채선당PLUS를 새롭게 선보였다. 기존 채선당 메뉴 콘셉트를 유지하되 '신선한 채'의 강점을 배기하고자 대형 샐러드 바를 설치해 17여 가지의 채소와 버섯류를 무한대로 가져다먹을 수 있도록 했다. 여기에 본사에서 개발한 여러 종류의 소스를 사용한 이색 샐러드를 탕수육, 돈가스, 크림스파게티, 치킨데리야키볶음밥, 중화풍데리야키볶음밥, 채소비빔밥, 고르곤졸라피자, 잡채 등 즉석요리를 구성, 다양한 고객층이 방문해 부담 없이 한식과 샐러드바를 즐길 수 있는 시스템을 만들었다. 고객의 자유로운 동선과 유동량을 고려해 대형 매장 오픈을 지향한다. 널찍하고 쾌적한 환경에서 시간이나 공간에 구애 받지 않고 식사할 수 있는 분위기를 구현한 것이다. 메인메뉴인 샤브샤브는 재료나 가격 변동 없이 그대로 고수한다. 12년 노하우가 담긴 주력메뉴인 만큼 '전문점'의 이점은 안고 가겠다는 것이다. 샤브샤브전문점으로서의 전문성과 대중적인 한식요리로 다양성까지 확보한 셈이다. 채선당PLUS를 론칭하고 얼마 지나지 않아 대규모 한식뷔페가 붐을 이루기 시작했다. 100평대 이상의 대형 규모 매장에 정통 한식이 차려졌고 고객은 '올레'를 외쳤다.

채선당PLUS도 이 같은 바람에 긍정적인 흐름을 탔다. 샤브샤브라는 핵심 메뉴에 한식을 접목한 건 신의 한수였다. 오히려 가짓수만 내세우고 임팩트 없는 뷔페보다 핵심메뉴인 샤브샤브를 중심으로 한식을 곁들이는 편이 더욱 만족스럽다는 게 소비자들의 평가다.

채선당은 채선당PLUS에 이어 'M' 버전을 추가로 론칭했다. 고객은 물론 예비 창업자들의 꼼꼼한 니즈를 공략하기 위해서다. 채선당 M의 M은 Medium. '중소 크기'를 뜻하는 말로 샐러드 바의 강점을 지니면서 동시에 점포 규모는 PLUS 매장보다는 조금 더 콤팩트하다. 샐러드 바 메뉴는 30여 가지로 줄이고 주택가나 오피스단지 등에 부담 없이 오픈할 수 있다. M매장은 현재 평균 264㎡(80평대)로 오픈하는 추세다. 채선당PLUS와 채선당M을 합해 총 80여개 가맹점이 성업 중이다. 한편 채선당은 대한상공회의소와 농림축산식품부가 공동 운영하는 2015년 기업-농식품상생협력 경연대회 '원료구매' 분야에서 수상하기도 했다. 채선당은 지금처럼 친환경 농산물을 계약 재배해 좋은 품질의 재료로 꾸준하게 오래 가는 알짝 브랜드로 더욱 성장해나갈 것이다.

이렇듯 경기도 의정부 오목로에 최근 오픈한 채선당PLUS 민락점은 오픈한 지 5개월 만에 주부와 가족단위 고객에게 입소문이 빠르게 났다. 120평 매장에서 하루 회전율이 3회전 이상이다. 매장 문을 처음 열었던 때가 2015년 5월, 한창 메르스 여파로 국내 전반적인 산업이 침체기였던 점을 감안하면 고무적인 결과다. 의정부 민락점은 2008년 9월 현재 매장 근처에 채선당을 오픈했다. 당시 근처에

'정성본'이나 '마루샤브' 등 샤브샤브 전문브랜드들이 활황으로 다수 있었지만 현재까지 꾸준한 매출을 유지하며 자리를 지키고 있는 건 채선당 하나다. 오히려 한식 붐이 일면서 매출이 상승해 채선당PLUS까지 오픈하게 된 것이다. 10년 이상 품질 변화 없이 꾸준하게 좋은 재료를 공급 받는 건 쉽지 않은 일인데 본사의 결과가 웰빙, 한식 키워드에 대한 소비자의 니즈가 긍정적인 시너지를 일으키며 매출을 견인하고 있는 것이다.

채선당PLUS의 주요 경쟁력으로는 100% 친환경 채소 고집, 고객 신뢰 바탕의 장수 브랜드라는 점과 50여 가지의 다양한 요리와 채소·샐러드, 중형 규모의 캐주얼 버전으로도 오픈 가능(M브랜드)하다는 점을 꼽을 수 있다.

또한 신선한 채소를 내는 매장답게 목재를 사용한 자연친화적인 분위기 구현, 베이지와 그레이, 화이트 컬러로 모던하면서도 따뜻한 느낌의 인테리어 콘셉트로 고객만족도를 높였다.

대표메뉴는 한우샤브(점심 1만6800원, 저녁 1만9800원), 스페셜쇠고기샤브(점심 1만2800원, 저녁 1만5800원), 한우불고기전골(점심 1만6800원, 저녁 1만9800원), 불고기전골(점심 1만2800원, 저녁 1만5800원)이다. 현 주소는 경기도 의정부시 오목로에 소재하고 전화는 02-907-6191 이다.

5) 전통음식을 트렌디한 새옷입힌 캐주얼 갈비찜 〈마시찜〉

트렌디한 새 옷 입은 캐주얼 갈비찜은 우리나라의 대표적인 전통음식 중 하나인 갈비찜은 명절이나 잔칫날에 먹는 특별한 음식이자 남녀노소 좋아하는 친숙한 메뉴다. 그러나 시중에서 판매하는 갈비찜은 일반적으로 양은냄비나 뚝배기에 담아 여럿이 나눠먹도록 제공돼 토속적 이미지가 강한 음식이기도 하다.

〈마시찜(MASIZZIM)〉은 갈비찜 맛의 전통성은 유지하되, 시중에 판매하는 방식과는 차별화된 트렌디한 콘셉트와 젊은 감각을 더한 갈비찜 전문 브랜드다. 마시찜을 운영하고 있는 ㈜오감만족의 대표는 한국인이 선호하는 국민적 메뉴인 갈비찜이 젊은이들의 외식메뉴로 환영받지 못하는 것이 안타까워 전통음식 갈비찜을 젊은층 취향에 맞게 모던하고 트렌디하게 각색, 외국음식에 견주어도 손색없는 캐주얼한 외식메뉴로 만들고자 마시찜을 탄생시켰다.

마시찜은 찜 전문점임을 쉽게 유추할 수 있는 간결한 네이밍과 카페를 연상시키는 세련된 매장 내·외관을 내세워 젊은 세대의 취향을 공략했다. 또한 '개인 트레이에 1인분씩 제공하는 방식'을 취해 여럿이 골고루 주문해 다양한 맛을 즐기길 원하는 20~30대 여성고객의 뜨거운 호응을 얻고 있다.

4단계의 화끈한 매운맛으로 인기몰이 중인 소갈비찜과 돼지 등갈비찜 총 2가지 메뉴에 주력하고 있는 〈마시찜〉은 두 찜을 매운맛과 순한맛으로 나누고, 그중 매운맛은 4단계로 세분화했다. 여기에 납작당면 혹은 우동사리 중 1가지를 선택하면 완전한 〈마시찜〉 메뉴가 완성된다. 고객의 취향을 적극 반영할 수 있는 디테일은 매운 음식 마니아부터 매운 음식을 잘 못 먹는 사람까지 매료시키며 단골고객을 만드는 일등공신 역할을 하고 있다.

중독성 있는 화끈한 매운맛이 특징인 비법소스 덕분에 이곳의 인기 단연 매운 소갈비찜과 매운 돼지 등갈비찜이다. 알맞게 익은 고기가 쉽게 뼈와 분리돼 손을 사용하지 않고도 깔끔하게 먹을 수 있는 것이 장점이다. 1인분마다 각각 제공하는 기본 반찬은 주고객층인 여성고객의 입맛에 맞춰 샐러드, 도토리묵 무침, 비트로 색을 낸 동치미 등으로 구성했다. 매운 갈비찜으로 얼얼해진 입안을 진정시켜주는 다양한 사이드 메뉴도 이곳의 매력요소다. 감자전, 계란찜, 셀프주먹밥, 볶음밥 등을 2000~7000원 사이의 합리적인 가격으로 제공해 주문율이 높다.

〈마시찜〉의 경쟁력은 가맹사업 전부터 체계적으로 구축한 식재유통 및 조리매뉴얼에서 비롯된다. 우선 찜 메뉴 2가지라는 심플한 메뉴 구성으로 조리와 식재 보관비용에 대한 가맹점주들의 부담을 줄였다. 전문 OEM업체를 통해 고기의 손질. 연육부터 양념까지 모두 처리·공급해 음식 퀄리티를 일정하게 유지하고, 고기 외의 대부분 원재료까지 원팩화해 아르바이트생도 손쉽게 조리할 수 있는 것이 강점이다.

유명상권 입점으로 안정적 수익구조를 확보하기 위해 누구나 즐길 수 있는 캐주얼 갈비찜을 선보이는 마시찜은 희소가치가 높은 프리미엄 브랜드를 추구한다. 이에 무분별한 매장 출점은 지양, 앞으로 수도권 30개와 지방 20개 총 50개의 점포 오픈을 목표로 하고 있다. 점포수를 늘리기 보다는 점포당 매출액을 증대시키며, 모든 가맹점을 탄탄하게 꾸려가겠다는 계획이다.

현재 〈마시찜〉은 명동, 가로수길, 삼청동, 홍대, 건대 등 전국 주요상권 중심으로 가맹점을 개설하며 저변을 넓혀가고 있다. 이미 발달한 유명상권은 안정적인 고객 및 매출 확보가 가능한 것이 장점이지만, 높은 권리금 및 임대료를 고려해 상권 내 중심 거리가 아닌 1~2골목 가량 떨어진 위치에 입점하는 것을 권장한다. 오픈 후 입지의 특성을 바탕으로 매장영업 활성화에 더욱 집중해 수익성을 극대화할 수 있는 가맹모델을 제시하고 있다.

모든 출점과정 전반에는 본사 상권 담당자의 체계적인 지원이 뒷받침 된다. 상권 전문가가 직접 발로 뛰며 적합한 상권을 분석하고,

수차례 검증을 거친 후 진행한다. 뿐만 아니라 본사 차원의 가맹점 매출관리, 서비스교육, 마케팅, 식자재 물류 유통 등 각 분야에 특화된 전담직원을 배치해 가맹점의 영업효율을 높이는 데 주력하고 있다.

가맹점 개설만을 통해 본사의 이익을 취하는 가맹사업은 하지 않을 것이며, 폐점율 0%의 튼실한 프랜차이즈 브랜드를 만드는 것이 마시찜의 목표이자 가맹점주들과의 약속이다.

㈜오감만족은 〈마시찜〉을 선택해준 고객뿐만 아니라 가맹점주 한 명 한명을 가족처럼 여긴다. 그런 의미에서 계획한 '국내 50개점 오픈'은 대표의 신념이 그대로 드러난 부분이다. 그는 본사와 가맹점이 차근차근 내실을 다지며 오랜 시간 상생하는 것이 곧 성공하는 것이라 믿는다. 마시찜이 희소가치가 느껴지는 가족적 외식 브랜드로 거듭나도록 보다 철저하게 브랜드를 관리하고 국내에서 입증한 성장 가능성을 바탕으로 태국 방콕과 파타야의 고급 쇼핑몰 내 입점하였으며, 2015년 중국 진출까지 이뤘다.

현재 '맛있는 갈비찜'이라는 뜻의 〈마시찜(MASIZZIM)〉은 전통음식 갈비찜을 보다 세련되고 캐주얼하게 구현한 모던한식 프랜차이즈 브랜드다. 감각적 인테리어, 개별 플레이팅, 매운맛 세분화 등 젊은 세대의 취향과 입맛을 사로잡으며 유망창업 아이템으로 부상하고 있다.

이 브랜드는 2012년 5월에 론칭했으며, 매장수는 직영(2개), 가맹(6개)이며, 대표메뉴는 소갈비찜(1만3000원), 돼지등갈비찜(1만1000원)이며, 인테리어 콘셉트는 카페나 와인바를 연상시키는 모던·심플 스타일이다. 창업비용은 1억1140만 원(99m² 기준, 부가세 별도)이며 전화는 02-512-7904, 홈페이지는 www.masizzim.co.kr 이다.

이 같이 성장하고 있는 〈마시찜〉의 경쟁력은 유행에 민감하지 않은 롱런 아이템, 한국인의 식습관에 밀접한 전통음식 갈비찜에 충실한 전문점으로서 롱런할 수 있는 업종으로 부상하였다. 특히 2030 여성고객을 사로잡는 콘셉트, 모던한 인테리어, 깔끔한 1인분 플레이팅, 매운맛 단계 세분화, 사이드메뉴 다양화 등 맛과 분위기를 중요시하는 20~30대 여심을 공략한 콘셉트로 차별화에 성공한 점이다.

2. 밥맛으로 인정받는 웰빙한정식 돌솥밥과 보리밥

1) 영양 돌솥밥

영양 돌솥밥은 우리나라에서 웰빙 건강음식으로 최근에 붐이 일고 있지만 조선시대부터 내려온 오래된 음식으로 조선시대 법주사 스님들은 궁중에서 귀한 손님이 불공을 드리러 왔을 때 왕이나 왕족들을 대접하기 위하여 사찰에서 구하기 쉬운 음식재료를 돌솥에 담아 바로 바로 밥을 지어 대접을 했는데 이것이 바로 돌솥밥이 처음 생기게 된 유래로 전해져 오고 있다.

그 후로 돌솥밥은 농촌으로 전해져 농촌에서 쉽게 구할 수 있는 재료들로 밥을 지어 기운을 돋우는 영양식품으로 자리 잡게 되었고 요즘은 건강에 좋은 여러 가지 재료들을 넣어서 만드는 영양돌솥밥으로 발전하게 되어 예전에는 왕족이나 먹던 음식이 이제는 국민들이 누구든 쉽게 먹을 수 있는 웰빙 음식으로 자리 잡게 되었다.

영양돌솥밥은 강원도 양양지역의 향토음식이다. 대추의 과육과 인은 예부터 약용 및 식용으로 이용되고 있으며 소화완화 강장약으로 광범위하게 이용되는 한방약으로서 대추죽, 대추차, 떡이나 약밥으로 널리 이용되고 있다. 대추는 만성간염, 온몸쇠약, 영양부족 등에 이용되어 왔으며, 민간에서는 잘 익은 대추를 말렸다가 달여 먹으면 열을 내리게 하고 변을 묽게하여 변비를 없애며 기침도 멎게 하는 것으로 알려져 있다. 또한 생식하면서 각성 작용이 있고 볶은 것은 최면작용이 있다고 한다. ≪신농본초경≫에서는 대추가 비장을 보양하고 십이경을 도우며 백약의 독을 누그러뜨린다고 하였고 대추의 약리작용으로는 항알레르기작용, 근수축력 증강작용, 빈혈증, 기관지

염 및 신경쇠약 등의 치료에도 유효한 것으로 알려져 있다.

찹쌀과 쌀을 깨끗이 씻어서 2시간 정도 물에 불린다. 대추는 씨를 빼고 밤은 삶아서 껍질을 벗겨 놓는다. 돌솥에 불린 쌀을 넣고 약수를 부은 후에 대추, 밤, 인삼을 넣고 밥을 짓는다. 강원도 양양지방의 영양돌솥밥은 약수를 이용하여 밥을 짓는 것이 특징이다.

또한, 이러한 영양돌솥밥의 밥을 짓는데 사용하는 무쇠는 국립중앙박물관 과학기술사 연구실이 대구시 달성군 농가에서 아직 사용되고 있는 무쇠솥 10개를 뽑아 과학적으로 분석하고 무작위로 4백명을 선발하여 맛을 평가해본 결과 무쇠솥밥, 돌솥밥, 압력솥밥, 전기밥솥, 냄비밥솥의 순으로 맛의 차이가 결정되며 밥맛을 좋게 하는 무쇠솥의 비밀은 솥과 뚜껑의 무게비율이 3대 1이라는 데서 찾아진다. 이 비율은 솥의 대부 압력과 온도를 적절하게 유지하여 가장 맛있는 밥을 짓게 만든다고 한다. 솥 바닥에 숨은 비밀도 과학적으로 분석해냈는데 가마솥은 솥 바닥의 열이 직접 닿는 부분이 제일 두꺼웠고, 가장자리로 올라가면서 점점 얇아지는 구조로 되어있어 솥바닥이 가장자리 보다 두 배 정도 두꺼운 것으로 나타났다. 이것은 불에 가까울수록 솥이 두껍고 멀수록 얇아짐에 따라 솥 안의 쌀의 온도가 일정하게 전달되어 해 주는 효과가 있다. 그래서 수분 함량 비율이 높으면서 층별 밥알 형태도 일정하게 유지되며 무쇠솥 밥은 솥에서 철분 성분이 우러나와 빈혈을 예방해 주는 효과가 있다.

영양돌솥밥은 우리가 먹는 밥에다 여러 가지 영양이 좋은 밤, 대추, 은행, 잣과 같은 견과류를 넣어 영양가 있게 지은 밥이다. 밤 한 톨에도 영양이 꽉차있어 어린이 건강식이나 환자 회복식에도 적절한 재료가 된다. 또한 폴리페놀 성분이 함유되어 있어 피부미용, 감기예방 등 면역 활성등의 효과를 발휘할 수 있고 견과류 중 비타민 C가 유일하게 들어 있다. 대추는 비타민 B, C와 칼슘, 철분이 풍부하여 강정, 보양 효과가 뛰어나 예로부터 한방재료에 많이 이용되어 왔다. 대추는 사포닌 성분이 있어 피부각질, 내피층에 습윤 능력을 보강하고 탄력성을 주며 모세혈관을 확장하여 피부미용에도 좋은 식품이다. 그래서 밥에는 부족한 무기질, 필수 지방산, 비타민을 보충해 주어 영양가 있는 밥이 될 수 있다, 이러한 영양돌솥밥 한가지만으로도 영양적으로 충분하다고 할 정도이다. 게다가 견과류들의 고소한 맛까지 있어서 보양식으로서도 가치가 있는 식품이다.

(1) 〈석암돌솥밥〉

광주 북구 문흥지구 '셋터코아' 인근에 위치한 '석암돌솥밥'의 운영철학은 옛날 시골집에서 넓은 가마솥에 해먹던 고소한 밥맛을 손님들에게 대접하고픈 마음으로 밥을 짓는 것이다. 이곳의 대표 음식인 영양돌솥밥은 돌솥밥의 원조로 불릴 정도다. 은행, 밤, 잣, 콩, 표고버섯 등 7가지 재료를 넣고 돌솥에 지은 밥은 풍부한 영양과 고소한 맛을 자랑한다.

석암돌솥밥이 '광주 1등맛집'과 '명가'로 지정될 수 있었던 배경은 특별히 제작한 '밥물'에 있다 이곳에서는 밥을 지을 때 상용하는 물을 육수를 준비하듯 별도로 만들어 사용한다. 대추와 다시마 등 5가지 재료를 넣고 하루에 걸쳐 3시간 정도를 푹 삶은 물로 밥을 짓는다. 밥에서 달콤하고 고소한 맛이 나는 이유가 여기에 있다. 돌솥밥을 맛있게 즐기는 방법은 토하젓과 4가지 나물류를 함께 비벼 먹어야 제맛을 느낄 수 있다. 또한 본 음식을 기다리는 동안에 나오는 돼지고기수육과 김치는 이집만의 별미다. 과일과 젓갈을 넉넉히 넣어 버무린 김치도 독특한 맛을 자랑한다. 저렴한 가격으로 맛있고 든든한 식자를 해결할 수 있다는 점이 석암돌솥밥의 최고 장점이다. 밥을 다 먹은 후에는 누룽지를 긁어먹는 재미도 있다.

식당에서 사용하는 주요 재료는 모두 산지에서 엄선한 것만을 공수해 사용하고 있으며 멸치, 김 등의 수산물은 완도나 진도 등의 산지어가와 직거래를 통해 싱싱한 것을 가져다 사용한다. 쌀은 해남 고천암과 함평 등의 찰진 간척지 쌀만을 사용한다.

25년째 한자리에서 식당을 운영하면서 탄탄한 단골고객을 확보하고 있으며 영업시간은 오전 11시부터 밤 10시까지다. 또한 2층에서는 60명을 수용할 수 있는 연회장이 있어 연말 단체모임의 장소로도 알맞다. 술을 즐기는 단체보다는 주로 식사 위주의 여성들 모임이나 부부들, 종교단체 모임장소로 어울린다.

식당 입구를 비롯해 2곳에 30여대를 수용할 수 있는 넉넉한 주차 공간을 확보하고 있어 주차불편은 걱정하지 않아도 된다. 음식 가격은 영양돌솥밥과 돌솥비빔밥이 각각 8,000원, 먹음직스런 갈비찜이 돌판위에 얹혀 나오는 석갈비찜은 30,000원 이 밖에 삼계탕 1만 1,000원, 옻삼계탕은 1만 3,000원이다.

(2) 〈토담가마솥밥〉

생선구이와 보쌈의 복합 콘셉트에 즉석 가마솥밥이란 강력한 키워드를 갖추고 있다. 주문 즉시 테이블 위의 무쇠 가마솥에서 조리해준다. 점심 기준으로 삼치, 고등어, 갈치 등의 '화덕생선정식'이 1만4000~1만6000원이라는 비교적 높은 가격임에도 21개 테이블이 꽉꽉 들어찬다. 점심보다는 저녁(1만6000~1만8000원)이 강세다. 화구를 가마솥 크기에 맞춰 주문 제작해 테이블마다 설치했다. 이는 기존 제품과 비교해 2배 가까이 비용이 더 든다. 또한 종업원이 밥 조리 과정을 일일이 체크해야 하기 때문에 인건비가 10%가량 더 들어

간다고. 특히 매일 마감 때마다 수십개의 가마솥을 기름칠하는 수고
도 필요하다. 하지만 이를 감수할 만큼의 경쟁력은 충분하다. 밥에
대한 손님 만족도가 높기 때문에 젊은층부터 중장년층까지 폭넓게
소화할 수 있고 재방문율이 높다. 현 주소는 경기도 광명시 오리로
854번길 22 이며, 전화는 (02)2686-2229 이다.

(3) 무쇠 솥밥, 〈잰부닥〉

서울 도곡동 〈잰부닥〉은 밥을 특화시킨 고깃집이다. 황동화로에서
구운 직화구이 고기와 함께 무쇠솥에서 갓 지은 밥은 강력한 경쟁력
으로 작용하고 있다. 특히 통돼지김치찌개, 잰부닥된장찌개, 통통두
루치기 등 7000~8000원짜리 점심 메뉴에도 공깃밥 대신 무쇠솥밥을
내어 고객만족도가 높다. 밥은 충남 공주의 '신동진' 쌀을 사용한다.
흑미, 찹쌀, 콩을 섞어 짓는다. 솥은 충남 천안의 무쇠 솥 공장에서
구입했으며, 손님 수에 따라 2인용과 4인용을 번갈아 가며 쓰고 있
다. 점심시간 20분 전에 밥을 안쳐 금방 지은 밥을 맛볼 수 있다.
직접 솥을 들고 테이블로 와 즉석에서 밥을 퍼준다. 밥을 다 먹고
난 뒤 무쇠 솥에 물을 부어 불려서 먹는 눌은밥은 마무리로 좋은 반
응을 얻고 있다.

갓 지은 무쇠 솥밥에 갈치속젓, 토하젓, 등의 젓갈류와 갓김치, 갓

장아찌, 대파김치 등 남도풍 찬류를 구성해 완성도를 끌어올렸다. 현 주소는 서울시 강남구 강남대로42길 13 이며, 전화는 (02)577-1435 이다.

(4) 철산명가 〈가마솥밥상〉

경기 광명시 철산명가 〈가마솥밥상〉은 즉석 가마솥밥을 내는 한 식당이다. 가마솥 밥상(1만 5000원), 행복한 밥상(2만원), 명가밥상(2만 5000원)을 주문하면 식탁 레인지에서 바로 밥을 지어준다. 밥은 충남 강경 평야에서 재배된 쌀로 짓는다. 산지에서 8분도로 도정해 열흘에 한 번씩 보내온다. 쌀눈이 그대로 붙어있고 섬유질 함량이 백미보다 높은 것이 특징이다. 여기에 찰흑미를 조금 섞는다. 찰기와 색을 보내기 위해서다. 이곳 찬류도 바로 조리하고 끓여낸 것들이다. 메밀전, 도토리 전, 된장찌개, 우거지탕, 달걀탕 외에 나물이 밥상의 균형을 맞추고 있다. 메뉴마다 공통적으로 흑색, 백색, 청색, 갈색의 4색 나물을 올린다. 강원도 정선과 울릉도 등지에서 가져온 가시오가피순, 민들레, 취나물, 방풍나물, 박고지, 부지깽이나물, 야콘 장아찌 등이 철 따라 밥상에 등장한다. 현 주소는 경기도 광명시 안양천로 이며, 전화는 (02)2060-9219 이다.

(5) 전기밥솥 귀리밥 짓는 〈대독장〉

㈜제니스에프앤비에서 운영하는 강남구 논현로의 〈대독장〉은 즉석 김치찌개 전문 프랜차이즈다. '선택과 집중'한 콘셉트다. 메뉴는 김치찌개 한 가지고 반찬 역시 달걀 프라이 하나다. 밥은 귀리밥으로 갓 지어 내고, 깔끔한 분위기 덕에 젊은 층 위주 고객에게 인기다. 매장에 들어서면 가장 눈에 띄는 것이 나란하게 진열된 밥통이다. 약 30개의 전기밥통이 3단으로 늘어서 밥을 짓고 있다. 이곳의 강력한 콘셉트로 작용하는 요소이다. 주문하고 일정 시간이 지나면 주문한 양의 밥을 밥통 째로 갖다 준다. 밥에는 귀리가 약간 섞였다. 귀리밥 추가는 2000원, 벽에 걸린 안내판에 쌀은 국내산, 귀리는 캐나다 청정지역이라고 표기돼 있다. 밥은 방짜 유기에 담아 먹는 대부분 김치찌개를 넣고 구운 김가루를 토핑해 비벼먹는데, 유일한 반찬 달걀프라이는 무한리필이고, 손님이 직접 해 먹는 시스템이다. 현 주소는 (역삼 직영점)서울시 강남구 논현로94길 19 2층이며, 전화는 (02)562-5116 이다.

(6) 압력밥솥에서 갓 지어 바로 퍼먹는 밥 〈갈비둥지〉

〈갈비둥지〉는 돼지갈비의 삼겹살 부위를 일일이 포를 뜬 '수제삼겹갈비(200g, 1만2000원)' 전문점이다. 삼겹갈비의 핵심은 살코기와 비계의 비율이다. 너무 퍽퍽하거나 지나치게 기름지지 않은 적정 비율을 찾은 결과 아그로수퍼의 칠레산 뼈삼겹 부위를 택하게 됐다. 이외에도 〈갈비둥지〉의 만족 요소 중 하나는 갓 지은 밥, 매장 입구에 일렬로 늘어선 가정용 고급 압력밥솥들로 영업시간 내내 밥을 짓고 있다. 10인분 용량의 밥솥이지만 5인분씩만 지어 밥맛에 대한 만족도를 높이고 있다. 주문한 메뉴가 다 차려진 뒤에야 장인이 만든 고급 유기공기에 밥을 담아 손님에게 내어간다. 밥을 미리 퍼놓지 않고 먹기 직전 퍼야 밥알의 윤기와 수분이 적정하기 때문이다. 도정한 쌀을 바로 공급받아 도정일로부터 일주일 이내로 소진하는 것을 원칙으로 한다.

방금 갓 지어 맛있는 밥을 제공하는 것을 개업 때부터 지금까지 쭉 해오고 있다. 집에서도 밥이 맛없으면 싫듯이 고깃집이더라도 밥이 맛있는 집으로 인식되는 것이 중요하다. 밥맛이 좋은 고깃집이라면 점심매출도 해결할 수 있다.

이곳의 쌀은 전날 미리 씻어놓고 채반에 받쳐놔 물기를 뺀 뒤 소분 포장해놓는다. 밥솥이 비면 그때마다 준비해놓은 쌀로 지으면 된다. 이로 인해 손이 더 가고 인건비도 더 들긴 하지만 그만큼 가치가 있기 때문에 이 과정이 번거롭긴 해도 이를 철저히 준수한다.

그만큼 불편함을 감수할만한 가치가 있다는 얘기다. 업무 효율,

인건비 등을 모두 상쇄할 수 있을 정도로 밥이 맛있기도 하지만 고객의 신뢰를 얻을 수 있다는 점이 크다. 밥을 맛있게 내기 위한 노력이나 정성을 손님에게 보이고 알림으로써 믿을 수 있는 식당으로 어필할 수 있고 손님은 묵은 밥을 먹지 않아 좋고 이로 인해 밥에 대한 로스가 전혀 없다는 점에서 장점을 갖는다.

이 같이 갓 지은 밥을 내기 위해서는 일정 노력이 요구된다. 밥을 항상 바로바로 짓는다는 점을 보여주기 위해 입구 전면에 밥솥을 배치하고 현재 이곳 매장은 10인분 압력밥솥 7개를 사용 중이다. 지점별로 다른데, 밥솥 18개 쓰는 곳도 있다. 특히 유기로 된 밥공기를 쓰고 있어 이를 밥솥 옆에 함께 쌓아 놓는다. 고급 유기그릇에 밥을 내면 손님은 대접받는 느낌에 기분이 좋고 시각적으로도 밥이 맛있어 보이는 효과도 있다.

더 맛있는 밥을 짓기 위한 포인트를 꼽는다면 역시 가장 중요한 것은 도정일자다. 쌀은 15일 이후부터 산패되기 시작한다. 도정일로부터 일주일 이내에 소비하면 가장 좋다. 현재 일주일에 한 번씩 45포대(40kg)를 받아 전 가맹점이 다 소진하고 있다. 쌀은 깎는 순간부터 시간이 지나면 지날수록 수분이 손실돼 맛이 급격히 저하된다.

현 주소는 서울시 도봉구 도봉로150 다길 16이며, 전화는 (02)3494-5585이다.

(7) 약선돌솥밥 〈둥구나무〉

서울시 서초구 방배동 '둥구나무'는 개인별 맞춤 약선돌솥밥이라는 콘셉트로 보약 같은 한정식을 선보이고 있다. 음식과 약은 그 근본이 같다는 약식동원(藥食凍原)의 철학으로 운영되는 둥구나무는 한의학전문의 송태원 박사와 자연 요리 전문가 박상혜 교수의 지도 및 연구 결과를 토대로 모든 메뉴를 구성한 것이 특징이다. 이름만 약선음식이 아닌 제대로 된 약선음식을 선보이겠다는 것이 둥구나무 대표의 철학이기 때문이다. 주로 부모님의 건강을 생각한 가족모임, 건강을 챙기는 50~60대의 친목모임이 많다. 최근에는 20~30대 커플들도 식식로드 만점 맛집이라는 소문을 듣고 발걸음을 하고 있다. 한정식 코스 요리로 선보이는 모든 음식들을 대표가 직접 전국의 산지를 돌며 구입하거나 채취한 믿을 수 있는 식재료로 만든다. 여기에 직접 담은 효소와 장류, 약선 기름 등으로 맛을 내니 음식이 아닌 보약이라 표현할 만하다. 둥구나무는 다양한 돌솥밥과 약선 요리를 코스형태로 선보인다. 엉경퀴 발효액을 비롯한 각종 산야초 발효액, 복분자 소스로 새콤달콤하게 맛을 낸 토마토샐러드와 유자로 상큼한 맛을 낸 청국장쌈은 전채요리로 입맛을 돋운다. 이어 제공되는 약선돌솥밥은 둥구나무의 핵심 메뉴다. 위장을 보호하는 유근피현미영양밥, 신장에 좋은 율무검은콩밥, 폐와 대장을 이롭게 하는 표고버섯밥 등 9가지 약선밥을 체질과 기호에 따라 맞춤으로 주문할 수 있다. 15분 안에 쌀과 부재료가 고루 익을 수 있게 특수 제작된 돌솥에서 갓나온 약선밥은 깊고 구수한 향기를 풍긴다. 둥구나무에는 밥을 짓는 몇 가지 철칙이 있다. 좋은 쌀을 사용할 것, 그날그날 사용할만큼 도정할 것, 백미가 아닌 현미 오분도미로 밥을 지을 것, 수돗물이 아닌 지장수를 사용하는 것이다. 당뇨를 예방하는 상주 유기농 우렁이쌀을 지장수에 12시간 불려 약이 되는 밥을 만든다. 밥과 함께 나오는 장아찌는 전국 산지에서 제철에 나는 최상품 식재료들로 만든다. 남해산 방풍나물, 정선의 곰취, 하동 매실 등을 사용해 매년 20여 가지가 넘는 장아찌를 담근다. 약선 간장에 조린 갈비찜과 연잎 우린물로 짠 맛을 뺀 영광 보리굴비도 약선밥과 잘 어울리는 건강메뉴다. 이곳의 메뉴는 둥구약선정식(1인분) 2만8000원, 나무약선정식(1인분) 3만8000원, 특선정식(1인분) 4만8000원이다. 현 주소는 서울시 서초구 방배천로 5-1 이며, 전화는 02-525-0980 이다.

2) 보리밥

보리밥은 궁곤하던 시절의 애환이 어린 음식이다. 하지만 요즘은 건강을 위해서 보리밥을 찾을 정도로 인기 음식이 바로 보리밥이다.

건강식에 대한 선호도는 날로 높아지기 때문에 틈새 아이템으로 각광받고 있다.

저렴한 가격에 푸짐한 양, 소비자는 지갑을 연다. 먹거리에 대한 대중의 관심은 날로 높아지고 있다. 유기농 재료와 천연양념으로 맛을 내는 '슬로우푸드'에 대한 관심도 덩달아 높아지고 있다. 토속음식 콘셉트가 인기를 누리는 이유다. 인스턴트 음식이 대세가 된 현대에 웰빙족의 니즈를 겨냥한 아이템은 성공 확률이 높다. 보리밥이 여기에 맞는 사례다. 일단 보리밥은 건강식이다. 동시에 서민층 수요와 정서에 잘 어울리는 음식 중 하나다. 남녀노소 할 것 없이 누구나 부담 없이 즐기는 음식이다. 서민층의 애환이 서려있는 음식이기도 하지만, 2000년 이후 웰빙 트렌드를 타고 제 2의 전성기를 누리는 아이템이다. 보리밥은 다양한 나물요리와 만나야 그 빛을 제대로 낼 수 있다.

제철에 맞춘 나물과 재래 된장을 이용한 된장찌개는 깐깐한 소비자의 입맛을 공략하는 좋은 무기다. 나물에 이어 여러 쌈채와 함께 주꾸미, 낙지볶음 혹은 돼지불백을 판매하는 보리밥 전문점도 다수다. 가격도 한끼 식사로는 평이한 수준이다. 보리밥 전문점은 저렴한 가격으로 배부르게 먹을 수 있다는 게 가장 큰 장점이다. 또한 보리밥 전문점의 경쟁력 요소인(SWOT분석)를 요약해 보면 다음과 같다.

강점은 웰빙 트렌드, 집밥 트렌드 등의 소비 트렌드는 보리밥의 수요층을 점차 넓히는 요소들이다. 보리밥 전문점은 외부적인 악재에도 비교적 자유로운 아이템이다.

약점으로는 보리밥은 식사 아이템이기 때문에 저녁시간대의 주류 고객층이 비교적 떨어질 수 있다는 점이며, 한식 특성상 다양한 곁들이 찬이 부족하다면 성공이 힘들다는 점이다.

기회 요인은 보리밥에 대한 시장에서의 소비자 니즈는 갈수록 커지고 있다. 먹거리에 대한 논란이 많은 요즘, 보리밥의 영양과 건강식에 대한 인식을 다양한 방법으로 고객에게 전달한다면 매출증대로 이어질 수 있다.

위협 요인은 주메뉴가 보리밥이라는 단순한 테마이기 때문에 부가메뉴의 개발이 필요하다. 보리밥과 어우러지는 보쌈, 칼국수 등의 부가메뉴 경쟁력 없이는 안정매출을 올리기 어려울 수 있다.

독립점으로 보리밥 전문점은 곳곳에서 영업하고 있다. 상품 경쟁력만 담보할 수 있다면 지역 맛집으로 자리매김하는데 큰 어려움은 없는 아이템이 바로 보리밥이다. 각종 성인병에 대한 관심 및 건강식에 대한 수요가 증가하면서 유기농 야채나 과일, 채소 소비가 증가 추세임을 감안한다면 외식업으로 보리밥전문점은 앞으로도 성인층의 꾸준한 관심을 끌고나갈 것이라는 장점이 있다.

보리밥은 30대 이후 세대가 주 고객층이었으나 요즘은 다이어트에 관심이 많은 20대 여성층의 수요가 점차 늘고 있는 추세다. 먹거리의 유해성 논란에 보리밥은 비교적 자유롭다. 조류 독감이나 광우병 등 외부적인 요인에 크게 흔들리지 않고 영업이 가능하다.

보리밥 관련 프랜차이즈 브랜드로는 〈보릿골〉, 〈명동보리밥〉, 〈양촌 건강 보리밥〉,〈고향 보리밥〉, 〈사월에보리밥〉 등이 유명하다. 최근에는 〈청국장과 보리밥〉 브랜드가 시장에서 약진하는 모습을 보이고 있다.

보리밥 전문점의 가장 큰 리스크는 상품 경쟁력이다. 보리밥은 고난이도의 조리기술을 필요로 하지 않는 한식 아이템이다. 경쟁 점포가 생겨날 위험이 높으며 조금만 상품력이 떨어져 도 소비자가 이탈할 확률이 높다.

반찬 또한 보리밥 전문점의 핵심요소다. 메뉴 구성도 공을 들여야 한다. 보리밥은 저녁 매출이 현저히 떨어질 위험이 높다. 따라서 보리밥을 기본 콘셉트로 정하면서 보쌈, 칼국수, 청국 장 등 부가메뉴와의 조화도 고심할 필요가 있다. 스토리텔링도 빠질 수 없다. 단순히 건강한 먹거리로 포지셔닝 하기엔 경쟁 상대가 너무 많다.

(1) 〈먹고보리〉

경기도 수원시 영통구 〈먹고보리〉는 보리밥 전문점이다. 매장 크기는 약 132.23m² (40평). 한적한 아파트 단지 상권에서 월평균 매출4000~4500만원을 보이고 있다. 고객 대부분은 인근에 거주하는 주민과 등산객들로, 평균 연령대가 비교적 높아 상품력에 강점을 뒀다.

우선 애피타이저로 흑미와 보리로 만든 고소한 보리빵을 발사믹 소스와 함께 제공해 입맛을 돋운다. 간이 알맞은 밑반찬도 돋보인다. 서양식 레스토랑에 오래 근무한 경험을 살려 샐러드 드레싱 등 반찬에서부터 보리밥집 특유의 투박한 맛을 보완하려고 노력했다.

특히 보리밥에 주꾸미볶음 혹은 제육볶음을 선택할 수 있는 '보리정식(1만2000원)', 보리밥에 도토리묵, 차돌박이 주꾸미볶음을 제공하는 '먹고정식(1만6000원)' 등 전략적인 메뉴 구성이 돋보인다. 숙주와 차돌박이, 수제비 등을 첨가한 차돌박이 주꾸미볶음은 여타 주꾸미볶음에서 맛볼 수 없는 고소한 풍미가 있다.

보리밥 단품 메뉴(8000원)의 구성도 가성비가 훌륭하다. 세트 메뉴와 큰 차이가 없게 해 음식 퀄리티에 대한 고객 만족도를 높였다. 보리 칼국수(8000원)와 겨울에만 도입하는 계절 메뉴인 한우 얼갈이 해장국(8000원)도 꾸준한 매출을 올리는 편. 사용하는 고추장은 순창 제품이다. 직접 제조한 매실 소스를 넣어 산뜻한 맛을 살렸다. 순창 재래 된장을 베이스로 한 강된장도 경쟁력이 있다. 고기는 냉동육을 주문 사용하지 않고, 가까운 정육점에서 매일 필요한 만큼의 생육을 직접 구매한다. 식재료 원가율은 30~35%다. 현 주소는 경기도 수원시 영통구 웰빙타운로 36번길 46-107 이며, 전화는 031-214-9952 이다.

(2) 〈청국장과 보리밥〉

보리밥에 청국장. 청국장은 폐암, 직장암, 위암 등 무서운 병에도 끄떡없는 항암 무기를 갖고 있다. 예뻐지고 싶고 젊어지고 싶은 꽃중년의 피부도 탱탱하고 맑게 해주는 비타민E가 듬뿍 들어가 있고 술을 거하게 마신 다음날, 간 회복에도 최고인 음식이 바로 청국장이다.

14년 동안 한결같이 청국장 사랑에 빠진 〈청국장과 보리밥〉. 10년이 지나면 굳건한 강산도 변하고 사람에게 주는 사랑도 변할 법한데 〈청국장과 보리밥〉의 청국장 사랑은 갈수록 깊어지고 무르익는다. 〈청국장과 보리밥〉은 지난 2004년 곤지암점을 오픈한 이후 서울과 경기권에 총 22개 가맹점을 보유하며 청국장의 깊은 맛처럼 오래될수록 더 많은 사랑을 받고 있다. 〈청국장과 보리밥〉의 주 메뉴는 단연 100% 국내 유기농콩으로 발효시켜 만든 청국장과 싱싱한 모듬 나물을 곁들여 먹는 유기농보리밥이다. 그리고 여기에 어르신에게는 수육, 여성에게는 두루치기, 또 아이들에게는 떡갈비를 사이드 메뉴로 넣어 연령대, 성별에 맞는 메뉴로 다양한 고객의 입맛을 충족시키고 있다.

또 후식으로 몸에도 좋고 맛도 좋은 청국장이 함유된 쌀과자, 우리밀로 만든 정통강정, 청국장보리 미숫가루를 무한으로 맛볼 수 있다. '맛' 은 기본이요, 내 아이가 먹어도 거뜬한 건강은 물론이고 거기에 '몸에 좋은 것은 쓰다' 라는 옛말이 무색할 정도로 몸에도 좋고 맛도 달달한 후식까지 〈청국장과 보리밥〉에 오면 일석삼조를 챙겨갈 수 있어 한번 오면 또 찾게 되는 손님들의 발길로 가득하다.

〈청국장과 보리밥〉의 대표는 30년 동안 보리밥 집을 운영하던 장모님의 권유로 사업을 시작하게 되었다. 주 메뉴가 보리밥에서 청국장을 곁들였던 창업 초기에서 지금은 청국장이 주 메뉴가 돼 회사내 청국장 연구실을 보유할 만큼 청국장에 대한 아낌없는 지지와 사랑을 보내고 있다. '지성이면 감천이다' 라는 말처럼 그 정성과 사랑을 청국장도 알았는지 깊은 맛과 구수한 향으로 보답하고 있다.

무엇보다 〈청국장과 보리밥〉의 청국장은 청국장 특유의 맛과 향에 민감한 고객들의 입맛까지 끌어당겨 청국장 사랑에 대한 막강한 응답을 보내주고 있다. 이곳 대표는 청국장 전도사로 불리울만큼 청국장에 대한 자부심이 대단하다. 〈청국장과 보리밥〉의 청국장은 친환경 유기농콩으로 만들어 웰빙음식의 가치를 높이려는데 주력하고 있다. 특히 발효정도에 따라 맛의 차이가 나는 청국장의 특성을 오랜 시간에 걸쳐 연구와 실험을 거듭해 현재 거의 80%정도 균일화하는데 성공했다. 특히 유기농 볏짚 복합균 자연발효 방식을 사용하는데 2차 발효에서 청국장 특유의 안 좋은 냄새가 많이 덜어지게 된다. 발효되는 과정에서 콩의 상태에 따라 발효가 되거나 상하게 되는 결과가 나오기 때문에 상한 콩을 사용할 일이 없다.

청국장 1g에 10억개의 유산균이 들어가 있을 만큼 청국장은 장운동에 좋을 뿐만 아니라 면역력 강화, 항암기능 등 다양한 장점을 갖고 있다. 이곳 대표는 이러한 청국장 기능이 저평가 되는 것에 대해 안타까워하며 청국장을 함유한 다양한 제품 출시에도 주력하고 있다. 현재 숍인숍 매장에 들어가는 상품도 계속 출시해 청국장에 대한 가치를 드높이고, 가맹점의 매출 증대에도 일조하고 있다.

〈청국장과 보리밥〉은 단기간에 대박은 내는 브랜드는 아니다. 트랜드를 타지 않기 때문에 대박을 터뜨리진 않지만 광우병이나 조류독감 등 사회적 영향으로 오는 타격도 거의 없다. 마치 깊은 맛과 구수한 향을 자랑하는 청국장처럼 한 자리에서 오래하면 할수록 더 안정되고 사업에 대한 도량도 넓어진다. 그래서 인내할 줄 아는 자, 기다림 끝에 오는 것을 아는 40~50대가 주로 선택하고 그 선택을 통해 본사와의 탄탄한 신뢰도 굳건해진다.

〈청국장과 보리밥〉은 외식사업부를 서울 청담동으로 이전해 가맹점 관리에 더 세심한 박차를 가하고 있으며 청국장의 고품질화와 안정화를 위해 마케팅에 더욱 만전을 기하고 있다. 더불어 현재 가맹점을 10개에서 15개로 추가할 계획도 있어 도입기에서 성장기로 나아갈 준비를 하고 있다. '내 아이, 내 가족에게 먹일 수 있는 음식만 먹이겠다' 라는 〈청국장과 보리밥〉의 신념은 이제 날개를 펼칠 때이다.

〈청국장과 보리밥〉의 성공 포인트는 100% 국내 유기농 콩으로 발효시켜 만든 청국장과 유기농 보리밥으로 차별화, 오랜 시간에 걸친 청국장에 관한 연구와 실험으로 80%정도 청국장 균일화에 성공하였다는 점이며, 트렌드를 타지 않고 오래 하면 할수록 더 안정된 아이템, 청국장을 함유한 다양한 제품 출시로 사업 영역의 확장과, 건강하고 검증된 청국장을 제공하기 위해 청국장 연구실을 설치해 운영 중이다.

이곳의 현 주소는 경기도 광주시 곤지암읍 광여로 539이며, 전화는 031-1599-6399 (http://www.ikfood.co.kr) 이다.

(3) 〈건업리보리밥〉

KBS '2TV 생생정보' 장사의 신이라는 코너에 한 보리밥집이 소개됐다. 경기도 광주시 곤지암읍 건업리에 위치한 이 보리밥집의 연매출은 20억원, 장사의 신이라 부를 만하다. 〈건업리보리밥〉 이름으로 30년 동안 한 자리를 꿋꿋하게 지켜온 이곳은 이제 고객들에게 단순히 식당 그 이상으로 넘어서 특별한 의미가 되고 있다.

〈건업리보리밥〉의 대표는 어려서부터 된장과 고추장, 김장 등 어머니를 도와 요리하는 일이 그렇게 재미있을 수가 없었다고 한다. 요리는 가장 자신 있던 재주였고, 삶을 유쾌하게 만드는 활력소지만 요리를 통해 돈을 벌어야겠단 생각을 갖고 있진 않았다. 철들기 전부터 항상 해오던 일상이었기 때문에 어느덧 세월이 흘러 부모가 되고 보니 아이들에게 들어가는 돈을 감당하기가 쉽지 않았다. 많은 고생을 겪으며 '잘 살고 싶다'는 생각이 들 무렵, 가나안 농군학교 김용기 장로의 자서전을 읽게 됐다. 낡고 헤진 허름한 책에서 한 구절이 눈에 띄었다. '믿어라 일해라 나누어라' 이렇게 사는 삶이 복된 삶일 것이라는 생각이 들었다. 무엇이라도 하자는 생각에 17m² (5평)규모의 보리밥집을 열었다. 산과 들에서 뜯어온 나물로 반찬을 만들고 보리밥을 만들어 판 것이 30년전 이야기다.

처음 보리밥 장사는 생활 형편에 보탬이 되고자 시작했다. 돈을 벌어 성공하자는 생각이 아니었기에 특별한 돈이 들어가는 것도 아니었다. 그런데 어르신들이 미안했는지, 음식 먹은 값을 주거나 좋은 식재료를 가게 앞에 두곤 했다. 어떤 이웃은 쌀자루까지 슬그머니 두고 가기도 했다. 그렇게 입소문이 나다보니 찾아오는 손님들의 발길도 점점 더 많아졌다. 다른 특별한 건 없었다. 그저 모든 것을 직접 만들어 대접했을 뿐인데 17m² (5평)짜리 보리밥집이 점점 좁아졌다. 그렇게 앞집, 뒷집 조금씩 공간을 넓히다 보니 어느새 6채 가구가 합쳐진 현재의 점포가 완성됐다. 직원들도 이 많은 고객들이 어디서 찾아오는지 의아해 물어볼 때가 많았다.

〈건엄리보리밥〉은 건엄리라는 외진 시골 마을, 테이블도 3~4개밖에 없는 작은 사랑방에서 출발했다. 요즘같이 인터넷이나 TV로 전국 각지의 맛집을 찾아볼 수 있는 시대가 아니었던 시절 오로지 입소문만으로 고객들의 발길이 이어져 지금에 이른다. 사람들이 산 넘고 바다 건너 찾아올 만큼의 압도적인 맛. 그런데 〈건엄리보리밥〉의 음식들은 맛보다는 추억의 맛으로 찾는다.

이곳 대표의 요리 스승은 어머니와 할머니였다. 식사 준비를 거들거나 장이나 김장을 담글 때, 옆에서 돕다 보면 한마디씩 듣게 되는 노하우들이 많았다. 어깨 넘어 배웠던 요리법은 소중한 자산이 됐고 〈건엄리보리밥〉의 밑바탕이 됐다. 좋은 콩을 고르고 골라 청국장과 메주를 만들고, 메주로 된장과 간장을 만들었다. 햇볕에 잘 말린 고추는 곱게 빻아 고추장을 만들고 참기름과 들기름까지 모든 것이 대표의 손에서 탄생했다. 잘 만든 장인지도 몰랐다. 그저 할머니가 어머니에게, 어머니가 자신에게 가르쳐준 방법 그대로 만들었다. 그런데 고객들이 꼬리에 꼬리를 물고 찾아왔다. 이곳에서 밥을 먹고 간 고객들은 가족들을 데려오고, 그 가족들이 다시 지인들과 함께 찾아왔다. 아무리 맛좋다는 식당을 가도 느낄 수 없는 고향의 맛을 〈건업리보리밥〉에서 느낄 수 있었다. 수많은 고객들의 고향은 서로 달랐지만, 모두들 고향의 맛을 이곳에서 찾았다. 어린 시절 신나게 뛰어놀다 노을이 질 때 쯤 집에 돌아가면 저녁밥 짓는 냄새와 장독대에서 꺼낸 장으로 조물조물 무친 반찬들, 구수하게 끓여 올린 된장국이 기다리고 있었다. 특별한 반찬도 없는데 맛있게 먹었던 어머니의 손맛을 이곳에서 느낄 수 있기에 고객들이 잊지 않고 찾아와 주는 것 같다며 겸손해 한다. 그렇게 고향같은 푸근하고 인심 넘치는 밥 한끼가 주는 힘은 대단했다. 한국인의 입맛에 장만큼 잘 맞는 것도 없다. 〈건업리보리밥〉의 장맛은 집으로 돌아가서도 계속 생각나게 만들었다. 밥을 먹으러 왔다 가도 장맛에 반해 장을 조금씩 얻어가는 고객들이 늘어나니 마냥 행복했다. 자신의 장을 사랑해주고 다시 찾아오는 고객들이 고마웠기에 무료로 나눠줬다. 단골들은 그냥

받기 미안하다고 돈을 주며 조금씩 사가던 것이 어느덧 기업적 가치가 생겼고, 그렇게 만들어진 것이 본희종합식품이다. 자연스럽게 생긴 수요가 매출을 끌어 올리는 숨은 공신이 됐다.

17m²(5평) 점포에서 연 매출 20억은 기적같은 매출이다. 작은 식당에 지나지 않았던 〈건업리보리밥〉은 30년이 지난 지금 자체 생산 공장까지 갖춘 어엿한 기업으로 성장했다. 추억을 떠올리게 만드는 손맛이 〈건업리보리밥〉의 성공비결이라 할 수 있지만 모름지기 장사란 맛 하나로 모든 것을 해결할 수는 없는 것. 그것을 뒷받침해주는 수완이 필요하다. 그것은 바로 대표의 푸짐한 인심과 넘치는 열정이었다.

대표의 젊었을 적 별명은 '탱크'였다. 그녀는 시원시원하고 낙천적인 성격으로 실수를 두려워하지 않았다. 무엇이든 할 수 있다는 일념 하나로 모든 일을 진행했다. 달리다 보면 넘어질 때도 있고 넘어지면 다시 일어나 달리면 그만이라고 생각했다. 〈건업리보리밥〉도 이런 그녀의 성격을 닮아 긴 세월 동안 한 번도 주춤했던 적이 없다. 아니 그럴 때도 있었을 것이다. 하지만 그렇게 생각하지 않았다. 이만해도 다행이다 실패가 아니야 내 자리를 찾아가는 과정이라며 자신을 토닥이며 다시 달렸다.

맛에 대한 욕심도 많다. 더 맛있게, 더 정확하게, 더 잘하고 싶은 마음에 동원대학교 호텔조리학과, 향토음식연구회, 농촌지도소에서 요리를 배웠고 TV를 켜도 음식 관련 프로그램만 본다. 3대에 걸쳐 내려온 손맛은 이미 훌륭하단 맛이 부족할 정도지만 남들은 어떻게 하는지, 내가 잘하는 건지 검증하기 위해 끊임없이 노력한다. 한평생 음식을 만들었지만 아직도 요리하는게 즐거우니 이런 욕심도 생기는 것이다. 고객에게 뭘 해주면 좋아할까 고민하는 시간이 가장 즐겁다. 항상 이렇게 기쁜 일만 생각하고 찾으니 에너지가 넘칠 수밖에 없다. 이런 밝은 마음이 웃음을 가져왔고, 웃음을 나누기 위해 오늘도 보리밥을 짓는다.

이곳 대표의 꿈은 '나눔' 이다. 힘든 삶을 살아가는 사람들이 많은 요즘, 모두가 배불리 먹고 편안하게 쉴 수 있는 '쉼터' 를 만드는 것이 언젠가 꼭 이루고 싶은 목표다.

〈건업보리밥〉은 늘 엄마 품에서 느꼈던 아늑함을 밥으로 전하고, 엄마의 품 같은 공간을 만들기 위해 노력하고 있다. 현 주소는 경기도 광주시 곤지암읍 건업리 335-1 이며, 전화는 031-763-5636 이다.

3) 곤드레밥

한정식전문점에서만 밥이 중요한게 아니다. 고깃집을 운영하는 업주들을 만나보면 그들의 고민은 원육이나 식재료 원가가 아니라 의외로 밥에 있다. '된장찌개+밥'이나 식사메뉴로 탕 음식 등을 찾는 고객이 꾸준히 있다 보니 이제는 밥에도 개성이나 특색을 살리고 싶어 한다. '어느 집에 갔더니 큼직한 돌솥에 철원 오대쌀로 즉석에서 밥을 지어내더라', '일반 쌀밥보다 건강식을 지향한 잡곡밥을 내니 주부 손님이 눈에 띄게 늘더라' 하면서 나름대로 '밥 잘 짓는' 고깃집을 벤치마킹 하는 수도 늘고 있다.

(1) 〈진미숯불고기〉

경기도 안양시 안양동의 〈진미숯불고기〉는 점심메뉴로 곤드레밥정식(7,000)원을 구성하고 있다. 채소와 나물위주의 10여 가지 정갈한 반찬과 곤드레를 푸짐하게 넣은 곤드레밥으로 주부 고객 방문율을 높였다.

웰빙 식재료 곤드레나물이 푸짐하게 나오는 〈진미숯불고기〉는 소고기 갈빗살과 돼지고기구이를 판매하는 작고 평범한 고깃집이다. 후미진 골목 내에 위치해 있고 공간도 $132.23m^2$ (40평)으로 협소한 편이지만 이 집은 곤드레밥정식을 먹기 위해 점심시간 방문하는 고객만 100명이 훌쩍 넘는다. 업주는 고깃집을 오픈하기 전부터 산나물과 채소 위주의 건강 식단에 관심이 많았다. 음식 솜씨가 좋았던 모친의 손맛을 물려받아 작은 한식당을 운영 해볼까 했지만 좀 더 대중적인 아이템을 찾아 고깃집으로 방향을 전환했다.

주택 상권이라 오후 2시 이후까지도 점심 손님의 방문율이 제법 높은 편이지만, 메뉴판에 표기된 된장찌개와 냉면을 번갈아보다 그냥 나가는 이들이 대부분이었다. 업주는 '제대로 된 한식상차림'을 구현해 저녁시간대 고기 손님을 역으로 '점심 단골'로 만들어야겠다고 생각했다.

포인트는 돌솥곤드레밥이다. 곤드레는 강원도 정선의 산밭에서 자란 것을 공급받는다. 한때 고랭지 배추를 심던 땅에서 자란 곤드레는 그만큼 품질이 우수하다. 산지 특유의 서늘한 기후로 섬유질이 풍부해 씹는 맛이 좋고 단백질이나 비타민A, 칼슘 등 영양가도 풍부하다. 정선 지역 사람들은 이 곤드레나 물을 즐겨 먹는다. 제철에는 그때그때 들여오고, 제철이 아닌 시기에는 필요한 만큼 공급받아 급랭해 보관해놓고 사용한다. 곤드레는 특유의 향과 함께 담백하고 부드러운 맛이 일품이고 특히 밥으로 지었을 때 그 향과 식감은 더욱 좋다.

곤드레 본연의 풍미와 향이 없어지지 않도록 곤드레를 불렸던 물에 그대로 삶아 헹구는 것 또한 이 집 곤드레밥 맛의 비결이라면 비결이다. 말린 곤드레를 물에 불리는데 4~5시간가량의 충분한 시간이 필요하다. 불린 후 삶은 곤드레는 적당량의 참기름과 들기름 등을 살짝 넣고 조물조물 버무려 1인용 돌솥에 쌀과 함께 넣고 쪄낸다. 점심시간만 되면 매장 바깥까지 곤드레 삶는 냄새가 진동한다. 1인 가마솥에 곤드레를 상당히 푸짐하게 넣고 표고버섯도 올려 낸다.

새미한정식풍의 정갈한 나물 반찬과 생선구이 서비스까지 제공하는 〈진미숯불고기〉는 곤드레와 마찬가지 평소 관심을 두고 있던 산나물과 각종 채소를 반찬으로 활용한다는 점도 돋보인다. 자극적인 양념이나 기름기를 최대한 절제하고 삶거나 볶는 정도의 1차 조리과정만 거쳐 담백하고 심심하게 만든다. 가끔 시간 날 때마다 전국의 유명한 산나물정식전문점이나 쌈밥, 비빔밥집들을 다니며 벤치마킹 했던 경험도 최대한 살렸다. 열무김치와 도라지무침, 묵은지 볶음김치, 취나물볶음, 고사리볶음 등 10가지가 넘는 가짓수의 나물 찬을 구성, 여기에 생선구이까지 서비스해 가격대비 만족도를 높였다.

곤드레밥은 별도 밥그릇에 담아 갖가지 나물반찬과 함께 먹고 그동안 돌솥에는 뜨거운 물을 붓고 불려 누룽지로 즐길 수 있다. 비빔밥 스타일을 선호하는 고객은 곤드레밥에 다양한 종류의 나물을 넣고 부추김치양념에 비벼 먹기도 한다. 부추김치양념은 간장과 고춧가루 등을 넉넉하게 넣어 만든 기본양념에 부추김치를 푸짐히 올려 내는 것으로 반찬 겸 곤드레비빔밥의 양념 역할을 한다.

후미진 골목 안에서도 점심에만 2회전 이상 넘쳐나는 고객은 자주 방문하는 단골이라고 해봤자 저녁시간대 고기 손님이 전부라 처음 2~3개월 간 곤드레밥정식은 별 인기가 없었다. 사실 고깃집에서 한식, 그것도 세미한정식 풍의 한상을 차려낸다는 점이 손님에겐 생소할 수밖에 없었다.

그러나 처음 방문한 이들은 늦어도 3~4일 안엔 반드시 재방문해 같은 메뉴를 주문했다. 식감과 풍미, 향을 잘 살린 곤드레를 푸짐하게 담아주고 깔끔하면서 가짓수도 다양한 나물반찬을 푸짐하게 내 만족도가 높았던 것이다.

〈진미숯불고기〉는 오피스 상권이 아니기 때문에 평일 오후 2시가 넘는 시간까지도 점심 손님으로 북적이는 편이다. 주로 주부 고객이다. 한창 바쁜 낮 12시부터 오후 2시 사이에만 2회전 이상이 가능하다. 전부 곤드레밥에 나물 찬과 부추김치양념을 넣고 쓱쓱 비벼 먹는다.

매장 한쪽에는 곤드레의 효능과 공급처를 설명해놓은 미니 현수막을 게시했다. 이왕 먹는 음식이라면, 최대한 많은 손님이 건강 식재료와 곤드레의 효능과 강점을 알고 기분 좋게 먹을 수 있도록 하기 위함이다. 현 주소는 경기도 안양시 만안구 안양동 493-15 이며, 전화는 031-441-4469 이다.

(2) 〈영월애 곤드레〉

인천 남동구에서 소문난 맛집으로 자리매김한 〈산너머 남촌〉이 바로 옆에 두 번째 브랜드 〈영월애 곤드레〉를 선보였다. 지난 2016년 7월 27일 오픈한 이곳은 강원도 영월에서 나는 생곤드레로 곤드레밥을 짓고, 잘 구운 고등어와 시래기 된장국, 곰취 장아찌에 갖은 찬으로 한 상 잘 차린 집밥을 콘셉트로 해 오픈하자마자 대기고객들이 행렬을 이루고 있다. 영월애 곤드레 정식메뉴는 총 5가지다. 평일 점심특선으로 선보이는 '곤드레 정식'을 기본으로 남녀노소 누구나 좋아하는 '직화돼지불고기 정식'과 '고추마늘보쌈 정식', '직화오징어삼겹살 정식', '영월한우소불고기 정식' 등이다. 유기그릇에 나오는 곤드레밥은 기본 간이 살짝 되어 있지만 슴슴한 양념장을 넣어 비벼 먹으면 곤드레 향이 구수하면서도 담백하다. 여기에 영월산 재래된장으로 끓인 시래깃국과 더덕무침, 잡채, 배추 겉절이, 계절찬 등을 곁들려 먹으면 건강한 집밥이 완성된다. 곤드레밥은 매콤한 직화돼지불고기 또는 고등어구이와 함께 쌈채소에 싸서 먹어도 별미다. 꽃상추, 청상추, 치커리, 겨자채, 신선초 등 예닐곱 가지 쌈채소와 찬, 밥은 셀프바에서 얼마든지 가져다 먹을 수 있도록 했다. 영월애 곤드레는 강원도 영월을 상호 전면에 표방한 만큼 곤드레 나물과 쇠고기, 시래기, 배추, 고춧가루 등 가능한 한 영월에서 생산한

농작물 사용을 기본으로 한다. 건강한 음식을 기본으로 유기그릇과 철판, 도자기 등에 차려낸 상차림은 정갈하면서도 고급스럽다. 또한 테이블 간격이 넓어 쾌적할 뿐만 아니라 낮은 칸막이를 설치, 고객들이 편안하고 아늑하게 식사를 할 수 있도록 해 가벼운 접대나 가족모임, 친목모임 등에도 손색이 없다. 평일 점심의 경우 주부고객들이 대다수를 차지하며, 저녁과 주말에는 가족고객들이 주를 이룬다. 처음 오픈할 때 자칫 고객이 분산 되는 건 아닐까 걱정이 컸는데, 강원도 로컬푸드를 콘셉트로 건강하고 정직한 음식을 제공하고자 하는 마음이 고객들에게 닿았는지 두 매장 모두 영업이 활성화되어 앞으로도 지속적으로 지역과 함께 상생할 수 있는 프로그램을 활성화할 계획이다. 이의 일환으로 영월애 곤드레는 오픈하자마자 영월포도 일일 장터를 마련해 고객들의 폭발적인 호응을 얻은 것은 물론 영월배추, 고춧가루 등 다양한 농가 직거래 장터를 기획해 농가와 상생하고 있다.

〈영월애 곤드레〉의 주요 메뉴는 직화돼지불고기 정식(성인 1만3000원, 초등학생 6500원), 고추마늘보쌈 정식(1만6000원, 9500원), 직화오징어삼겹살 정식(1만8000원, 1만5000원), 영월한우소불고기 정식(2만1000원, 1만3500원), 곤드레 정식(평일점심 3시 이전 1만원 6000원)이다. 현 주소는 인천시 남동구 매소홀로 864 이며, 전화는 032-466-3077 이다.

4) 쌈밥

(1) 〈하늘빛우렁쌈밥〉

웰빙과 힐링을 타겟으로 프랜차이즈를 개설한 〈하늘빛우렁쌈밥〉은 단골이 가맹점주로 착실한 내실 경영에 중점을 두고 운영하고 있다. 이곳 대표가 우렁쌈밥 프랜차이즈를 시작한 이유는 동종 업계에서 25년 넘게 일한 경력뿐 아니라 유행을 타지 않는 아이템이라는 데 있다. 우렁이와 된장, 제철 산나물과 각종 채소 등 〈하늘빛우렁쌈밥〉의 메뉴 모두 지향적이고 웰빙 문화에 가장 적합하다는 얘기다.

우렁쌈밥의 우렁이는 몸을 맑게 하는 웰빙 음식이자 위에좋고 성인병을 예방하는 음식이다. 1,000년을 산다는 학이 즐겨 먹는 식재료로, 물속의 웅담이라 불리기도 한다. 게다가 우렁이는 음식뿐 아니라 약재료로 쓰일 만큼 풍부한 영양을 지녀 명품 보양식으로 손색이 없다.

〈하늘빛우렁쌈밥〉은 차별성이 확실한데 우렁이와 소스 등 식자재를 원활하게 공급해 쉽게 창업할 수 있다. 또, 레시피를 지원해 초보자도 쉽게 운영할 수 있고 기존 인테리어 재활용이 가능해 간판을 제외한 내부시설과 기구는 다시 활용할 수 있다.

또 다른 차별성으로는 건강에 초점을 둔 메뉴다. 〈하늘빛우렁쌈밥〉은 경상남도 김해시에 소재한 논에서 손수 기른 순수 국내산 우렁이를 사용해 맛과 건강을 동시에 제공한다. 메뉴로는 '우렁쌈밥오리정식'을 비롯해 '우렁쌈밥황태정식', '제육우렁쌈밥' 등이 있고 세트메뉴로는 LA갈비, 우렁전, 우렁무침과 함께 쌈밥을 제공하는 '하늘빛스페셜메뉴'와 된장, 청국장, 황태구이, 훈제오리, 우렁무침을 제공하는 '하늘빛코스'를 마련했다. 이외에도 싱싱한 야채를 곁들인 훈제오리, 황태양념구이 등 고객들이 선택할 수 있는 메뉴를 늘림으로써 차별성을 꾀했다. 또, '몸이 맑아지는 자연밥상'이라는 슬로건을 내세워 건강과 자연에 초점을 둔 메뉴 구성을 추구했다.

〈하늘빛우렁쌈밥〉대표의 경영철학에는 '하늘의 뜻을 기다린다'는 철학이 담겼다. 최선을 다하고 하늘의 뜻을 기다린다는 의미로 프랜차이즈 브랜드를 〈하늘빛우렁쌈밥〉으로 정했다.

우렁쌈밥은 된장, 청국장, 논우렁이, 산나물 등 고유의 전통음식을 주된 재료로 사용한다. 이 때문에 풍요로운 음식문화 발전은 물론, 즐겁고 건강한 외식문화 발전에 이바지한다는 사실에 자부심이 크다. 무턱대고 사업 확장에 나서 적자에 빠지고 가맹점 실패를 보기보다 하나의 가맹점을 내더라도 꾸준하게 이익을 내고 브랜드 이미지를 지키겠다는 생각이다. 프랜차이즈 업계 현실이 쉽지 않은 만큼, 무리한 확장보다 내실을 다지며 신중하게 프랜차이즈 사업을 운영하는 것이 중요하기 때문이다.

이와 같은 생각 때문에 가맹점 가운데 절반 이상이 단골로부터 시작됐다. 기존 가맹점에서 맛에 반해 자주 찾다가 사업에 나섰고, 신뢰감이 쌓이면서 조언을 듣고 재료를 공급받기 시작한 것이다. 이러한 인연을 중요하게 여겨 주요 식재료 8개 품목에 이윤을 붙이지 않고 공급 중이다. 〈하늘빛우렁쌈밥〉이 가격 경쟁력 면에서 앞서고, 비싸지 않은 가격에 질 높고 맛 좋은 식재료를 사용할 수 있는 이유다. 예비창업자들에게 창업 자금은 생명과 같다. 신중하지 않게 사업을 권하고 충분히 조사하지 않은 채 시작하면 리스크가 너무 크다.

〈하늘빛우렁쌈밥〉은 가맹점주에게 부담을 주지 않기 위해 원재료를 직접 구매하고 영업 컨설팅을 하는 등 다이어트 경영으로 가맹점 부담을 줄이고 있다.

한편, 점포 컨설팅에서 유독 맛의 중요함을 강조한다. 가맹점주가 매출액을 챙기기보다 음식의 질과 고객의 만족감을 우선해야 한다는 게 지론이다. 아침에 문을 열고, 하루 매출을 확인하는 일이라면 직원들도 할 수 있는데, 굳이 점주가 나서기보다 더욱 중요한 일에 집중해야 한다는 얘기다. 점주가 챙겨야 할 일은 음식을 먹어보면서 오전, 오후 영업을 시작하기 전 맛을 확인하는 일이다. 직접 조리하기는 어렵지만 오늘 하루 고객에게 나갈 음식의 간이 맞는지, 재료의 신선함에는 이상이 없는지 체크하는 것이 최우선 업무가 된 것이다. 이렇게 해야 고객만족도가 높아지고 매출로 이어질 수 있다.

이곳의 소재지는 서울시 송파구 오금동 129-2번지 1층이며, 전화는 02-416-1145 이다.

(2) 맛깔난 한식 쌈밥 〈곰배령〉

춘천역과 남춘천역을 지나가다 보면 가장 먼저 눈에 들어오는 간판이 '곰배령' 이다. 붉은 벽돌이 겹겹이 쌓인 높다란 건물은 얼핏 보면 박물관이나 공연장 같다. 춘천의 주요 터미널과 역이 위치한 교차로 사거리 중심부에 위치한 〈곰배령〉은 강원도 토속 음식을 기본으로 정갈한 한식 요리를 내는 한정식전문점이다. 산나물과 육류, 해산물 등이 골고루 어우러진 건강한 요리를 제공하고 있다. 계절마다 온갖 종류의 산나물과 야생화가 자라는 강원도 인제 설악산의 한 고개 이름인 '곰배령' 을 상호로 붙인 것도 이 때문이다. 곰배령은 매실, 마가목, 민들레, 꽃사과, 오미자, 산야초 등 매장에서 직접 담근 효소를 소스나 메인 재료로 활용해 모든 음식이 자극적이지 않고 깊은 맛을 낸다. 곰배령의 메인코스는 총 네 가지로 '황태구이정식' 과 '강원도 토속정식' '곰배령한정식' 그리고 '곰배령특정식' 이다. 대표요리는 간장베이스 양념에 조려 노릇하게 구워낸 전복구이와 한우육회, 대게찜, 자연송이와 약재를 넣고 부드럽게 찐 소가빌 찜, 연어샐러드, 산야초효소샐러드, 불고기냉채, 버섯들깨탕, 탕평채, 메밀쌈, 네 가지 산나물 등을 골고루 차려낸다. 산나물을 비롯해 샐러드용 채소와 제철재료로 조금씩 변화를 주고, 계절마다 잘 어울리는 메인요리도 분기별로 새롭게 구성해 탄탄한 단골고객층을 형성하고 있다. 모든 코스는 전채요리, 메인요리, 식사로 이루어진다. 식사 코스에는 재래식 된장찌개와 흑미밥, 김치, 예닐곱 가지의 장아찌와 찬을 제공한다. 도청소재지인 춘천 지역의 특성상 평일에는 공무원들의 방문율이 높다. 식사시간이 그리 길지 않은 데다, 단체 모임이 많고 대부분이 가장 비싼 곰배령특정식(1인 3만5000원)을 주문하기 때문에 회전율과 테이블 단가의 경쟁력이 좋은 편이다. 주말에는 70~80% 이상이 서울·경기 지역에서 오는 가족단위 고객이다. 서울과 거리가 가깝고 곰배령이 남춘천역 부근에 위치해 있어 타지에서 온 고객 유입에도 유리하다. 한편 1층에는 곰배령 무료 카페 공간을, 2층에는 강원 드라마 갤러리, 강원도 공예품 전시장을 운영해 볼거리도 다양하게 제공하고 있다.

메뉴는 황태구이정식(1만3000원), 강원도토속정식(1만7000원), 곰배령한정식(2만5000원), 곰배령특정식(3만5000원) 각각 1인 기준이다. 현주소는 강원도 춘천시 퇴계동 770-3 이며, 전화는 033-255-5500 이다.

5) 비빔밥

전주한옥마을에 위치한 45년 전주비빔밥의 명가 '고궁' 본점은 전주의 상징이자 지역 명소다. 내국인은 물론 수많은 외국인들이 찾는 관광지로 1층은 식당, 2층은 비빔밥전시관을 운영하고 있다. 고궁의 비빔밥은 사용하는 쌀부터 남다르다. 일반미보다 쌀알이 굵은 품종인 신동진 벼 중에서도 최상급브랜드 김제 옥토진미로 밥을 짓는다. 비빔밥에 적합한 쌀을 찾다보니 비볐을 때 쌀알이 깨지거나 부스러짐이 적고 고명과도 잘 어울리는 쌀을 선택한다. 비빔밥의 대부분을 차지하는 건 밥이기 때문에 맛있는 밥맛이 뒷받침 되어야 비빔밥의 맛도 살아난다. 고궁은 김제의 회현농협과 직거래를 통해 주문 직후 도정한 쌀을 공급받고 일주일에 한 번씩 필요한 만큼 수매해서 일정한 밥맛을 유지하고 있다. 밥을 할 때는 수돗물 대신 연수기나 정수기를 거친 정제된 물을 사용한다. 쌀을 씻을 때나 밥을 지을 때 수돗물의 약품 냄새가 스며들면 밥에서 잡내가 날 수 있기 때문이다. 쌀은 손으로 박박 씻어 30분 정도 불렸다가 업소용 50인분 가스밥솥에 밥을 한다. 항상 번거롭지만 양을 좀 줄여서 기준치보다 적게 40인분 정도 밥을 해야 위아래 차이가 생기지 않고 밥이 골고루 잘 익는다. 유기에 정갈하게 담아내는 전주전통비빔밥은 갖은 나물을 다양하게 담은 후 황포묵과 오실과로 멋을 낸다. 전주 10미 중 하나인 콩나물을 넣고 지은 밥에 호박, 표고버섯, 고사리, 오이 등 10여 가지에 달하는 각종 고명을 올려 화려하다. 순창 지역의 고추장을 사용해 직접 만든 비빔고추장은 고궁만의 비법이다. 짭짜름하면서 너무 맵지도 싱겁지도 않아 비빔밥의 재료들과 어우러지며 감칠맛을 낸다. 중간 중간 씹히는 은행, 잣, 호두고명은 먹는 재미와 함께 고소한 풍미를 더한다. 전라도하면 상다리가 휘어질 정도의 찬이 기본이지만 고궁의 찬들은 소박하다. 아삭아삭 씹는 맛이 일품인 배추겉절이와 오독오독 새콤한 무말랭이 장아찌, 진한 도토리묵과 간장에 무친 시래기는 깔끔한 맛에 간이 세지 않아 비빔밥과 잘 어울린다. 단품메뉴로는 해물파전, 떡갈비, 불고기, 육회, 황포묵무침이 있는데 옛날 간장으로 짭짤한 맛을 낸 불고기는 비빔밥과 세트메뉴로 인기다. 이 외에도 비빔밥 2인분과 단품메뉴를 함께 즐길 수 있는 파전 세트, 떡갈비 세트도 2만원 대에 선보이고 있다.

메뉴는 전주전통비빔밥 1만원, 돌솥비빔밥 1만원, 육회비빔밥 1만 3000원, 해물파전 1만원, 숯불떡갈비 1만원이다. 현 주소는 전북 전주시 덕진구 송천중앙로 33 이며, 전화는 063-251-3211 이다.

3. 퓨전 한정식으로 트렌드 선도 한식 레스토랑

1) 한식의 무한 변신, 고급 식재료로 사업 영역 확장

꽁꽁 얼어붙은 체감경기에도 대형 한정식뷔페들은 승승장구 중이다. 가성비를 앞세운 고급 메뉴부터 젊은층을 겨냥한 퓨전 한식까지 고객들이 원하는 트렌드를 빠르게 파악해 메뉴에 적용시켰기 때문이다. 게다가 모든 연령층의 입맛을 만족시킬 수 있는 '한식 패밀리 레스토랑' 으로 자리 잡으며 사업 영역을 확장시켜 나가고 있다. 고전을 면치 못하는 외식업 불황 속에서 사람들의 발길이 끊이지 않는 한식뷔페의 메뉴를 들여다보면 고객들이 원하는 메뉴와 앞으로의 트렌드까지 한눈에 파악할 수 있다(이동은, 2017).

고급 식재료로 가성비를 높인 메뉴로 성인기준 1인당 점심 1만 2900원~1만4900원 가격으로 70~100가지 메뉴를 마음껏 먹을 수 있는 한식뷔페야 말로 가성비 최고라는 게 요즘 고객들의 반응이다. 특히 가격 대비 성능을 더 꼼꼼히 따지는 젊은층의 발길도 크게 늘어났다. 업계는 고객들이 더 이상 많이 먹는 것보다는 건강식이나 프리미엄 식재료를 이용한 음식에서 가성비를 찾고 만족감을 느낀다고 설명한다. 이에 따라 건강을 생각해 한식뷔페를 찾았던 기존의 중·장년층을 위해 낙지, 마늘, 오리, 소고기 고급 부위를 사용한 건강 메뉴를 선보는 한편 샐러드 채소, 나물, 두부에 사용되는 콩 등 국내산 식재료를 강조하는 곳이 증가하고 있다. 또 흔히 먹을 수 없었던 소고기 업진살, 연잎 등 프리미엄 재료로 만든 메뉴를 선보이고 있다. 대형 한식뷔페들은 대부분 식자재 유통사를 함께 운영하는 대기업이 론칭했기 때문에 재료비 부담 없이 고급 식재료를 공수할 수 있고 나머지 업체들도 농가와의 직거래를 통해 유통 마진을 줄였다.

가장 인기 있는 건 역시 고기메뉴로 일정 금액을 내고 실속 있게 먹고 싶어 하는 고객들의 마음 때문에 육류메뉴는 항상 베스트 메뉴로 사랑받아 왔다. 풀잎채는 전체 메뉴 중 고기메뉴의 소비량이 약 10%, 다른 업체들도 10~20% 내외로 파악하고 있다. 70~100여 가지 메뉴 중 메인으로 나온 3~4가지 정도의 육류 메뉴가 10%를 차지한다는 건 그만큼 찾는 고객들이 많다는 증거다.

계절밥상의 황금마늘보쌈, 자연별곡의 바비큐보쌈처럼 따뜻한 보쌈류와 올반의 양념 업진살 직화구이, 풀잎채의 연잎숙성 멍석갈비와 같은 불맛을 살린 직화구이가 가장 인기 있는 메뉴로 꼽혔다. 자극적인 맛으로 맵거나 강한 맛을 추구하기보다 남녀노소가 모두 즐길 수 있는 담백한 양념으로 맛을 낸 것이 특징이다.

젊은층을 위한 한식의 무한변신을 위해 최근 한식뷔페를 보면 메뉴의 퓨전화가 두드러지게 나타난다. 계절밥상의 황금치즈퐁듀는 체다치즈와 고르곤졸라 치즈 소스에 가래떡과 고구마를 찍어 먹는 메뉴로 20대 고객을 주 타깃으로 기획됐다. 자연별곡의 부지깽이 파스타도 나물 섭취를 꺼려하는 젊은층을 위해 이탈리아 퓨전식 파스타로 매콤한 맛을 가미해 선보였고 올반의 너비아니 수제버거도 키즈 메뉴 보강차원에서 내놓았지만 어린이를 비롯한 젊은층 전반에서 선호도를 보이고 있다. 전통한식의 중심을 지켜간다는 풀잎채도 2015년부터 젊은층을 타깃으로 퓨전 메뉴를 늘려가는 추세다. 최근 불었던 집밥 열풍과 지갑이 얄팍해진 젊은층이 기존의 패밀리 레스토랑보다는 저렴하게 다양한 메뉴를 맛볼 수 있는 한식뷔페로 발걸음을 옮기고 있다.

이런 트렌드가 지속되면서 한식뷔페의 퓨전화 경향은 더 짙어질 전망이다. 한식과 양식의 퓨전 스타일에 대한 소비자들의 거부감도 예전보다 낮아졌고 한식과 외국식의 융합으로 또 다른 한식 장르가 만들어질 수 있다는 예측이다. 전통 한식을 새롭게 해석하는 모던 한식도 확산돼 한식의 외국식화, 외국식의 한식화가 활발하게 일어날 것이다.

2) 나물, 청국장의 전통한정식 〈풀잎채〉

2013년 1월 론칭한 '풀잎채'는 중소업체로는 드물게 전국 47개 매장을 운영 중이다. 주 고객층은 충성도 높은 40~50대 여성들로 퓨전 요리보다는 전통 한식 콘셉트를 지켜가며 고정 고객층을 유지하고 있다. 다른 한식뷔페는 나물을 이용한 퓨전요리를 많이 선보이지만 풀잎채는 곤드레, 부지깽이, 시래기, 참나물, 취나물 등 향긋하고 쌉싸래한 나물 본연의 맛을 살린 전통식 나물무침을 내놓는다. 디저트류도 퓨전식보다는 인절미, 수리취떡과 같은 전통 한식 디저트를 선보인다. 풀잎채의 베스트 메뉴는 72시간 연잎숙성 멍석갈비구이와 옛날청국장, 두부함박이다. 전체 메뉴 중 바비큐보쌈, 오리고기, 멍석갈비 등 육류 메뉴 소비량은 약 10%로 그중에서 가장 잘 나가는 메뉴는 72시간 연잎숙성 멍석갈비구이다.

2016년 봄에 출시돼 모든 고객층의 호응이 좋아 스테디셀러 메뉴로 자리 잡았다. 과일 양념에 재운 돼지갈비 고기를 멍석에 말 듯 연잎에 싸 72시간 숙성시켜 돼지고기의 누린내를 제거하고 고기를 연하게 만들었다. 매장에서 즉석으로 그릴에 구워 불맛이 살아 있어 풀잎채의 대표메뉴인 수제 냉면과도 잘 어울린다. 뜨끈하고 구수한 옛날청국장은 2013년 론칭 당시 인기를 끌었던 메뉴로 고객들의 계속된 요청에 힘입어 다시 출시한 앙코르 메뉴다. 청국장의 쿰쿰한 냄새가 그대로 살아 있는 옛날 청국장 스타일이라 한식 뷔페에서 선보이기 힘든 메뉴지만 40~50대 주 고객층이 원했던 만큼 다시 출시돼 베스트 메뉴로 사랑받고 있다. 청국장의 구수한 맛이 진하고 짜지 않아 식사와 함께 계속 먹을 수 있다. 두부함박 또한 지난해 가을 처음 선보인 이후로 고객 반응이 좋아 지금까지 롱런하는 메뉴다. 검은깨를 통째로 넣어 고소한 맛을 살린 깨두부와 국내산 돼지고기, 소고기를 매장에서 직접 반죽, 그때그때 만들어 낸다. 반죽에 찰기가 생길 때까지 손으로 여러 번 치대 속까지 부드럽고 촉촉하다.

이용가격은 성인기준 1만2900원(평일 점심), 1만6900원(평일 저녁, 주말·공휴일), 취학 아동 9000원, 미취학 아동 6000원이며 운영시간은 10:30~17:00(점심), 17:00~22:00(저녁)까지이다.

3) 이제는 한식뷔페 메뉴도 테이크아웃 〈올반〉

'올반'은 2016년 12월 신세계백화점 대구점에 15번째 매장을 오픈했다. 대기업 한식 뷔페로서는 적은 매장수지만 HMR 상품을 한식 뷔페와 연계시켜 올반을 찾는 모든 고객의 식탁으로 사업 영역을 넓혀가는 중이다. 신세계푸드의 다양한 HMR 상품을 뷔페 메뉴로 맛볼 수 있고 매장에서 선보이고 있는 장아찌류, 두부 등을 사 갈 수도 있다. 대부분의 매장이 신세계백화점이나 이마트에 입점, 백화점이나 마트를 찾는 30~40대 주부들이 주 고객층이다. 프리미엄 식재료와 신선 채소를 선호하는 주부층을 위해 2016년 하반기부터 샐러드 메뉴를 업그레이드 했다.

올반의 베스트 메뉴는 양념 업진살 직화구이, 한입 탕수육, 깔끔한 멸치국수다. 베스트 메뉴인 양념 업진살 직화구이는 HMR 상품으로 내놓기 전 매장에서 테스트 과정을 거치면서 고객들에게 인기를 끈 경우다. 씹는 맛이 좋은 소고기 업진살을 간장 양념으로 달콤 짭잘하게 직화로 구워 불맛을 살렸다. 보통 우삼겹으로 불리는 업진살은 소 한 마리에서 3~4kg 정도만 나오는 고급 부위다. 이런 고급 식재료를 쓰게 된 것 역시 외식에 대한 눈이 높아진 고객들을 만족시키기 위해서다.

한입 탕수육은 아이들이 먹기 좋도록 돼지고기를 한입 크기로 썰어 밑간을 한 뒤 올반만의 비법 반죽을 입혀 바싹하게 튀겨 냈다. 주 고객층인 젊은 주부들이 아이들과 함께 올 수 있도록 키즈메뉴 보강차원에서 선보인 메뉴다. 올반은 지난해 5월 가정의 달부터 키즈메뉴를 보강하기 시작, 한입 탕수육 외에도 즉석 자장면, 너비아니

수제버거 등 아이들에게 선호도가 높은 메뉴을 선보이고 있다.

깔끔한 멸치국수는 겨울 들어 인기가 높아진 메뉴다. 쌀국수면을 사용해 면이 쫄깃하면서도 멸치로 우려 낸 깔끔한 국물이 인상적이다. 자극적이지 않아 아이들과 중·장년층에서 선호도가 높다.

100% 국내산 콩으로 매일 아침 매장에서 만들어 내는 '바로순두부' 도 담백하고 슴슴한 맛으로 고객들의 반응이 좋다.

지난 2016년 여름부터 선보인 양품 샐러드는 신선한 채소와 다양한 토핑에 6가지 퓨전소스를 고객의 기호에 맞게 뿌려 먹을 수 있는 DIY 메뉴다. 참나물의 향과 풍미를 느낄 수 있는 참나물 타르타르 소스와 통들깨가 씹히면서 고소함이 톡톡 터지는 통들깨 아이올리 소스, 흑임자 소스 등 한국식 퓨전 소스로 고객들의 입맛을 돋운다. 완두콩 고추냉이 소스는 톡 쏘는 맛에 젊은 여성층이 선호한다.

이용가격은 성인기준 1만4900원(평일 점심), 2만2900원(평일 저녁, 공휴일), 취학 아동 1만900원, 미취학 아동 7500원이며, 운영시간은 10:30~16:00(점심), 17:00~22:00(저녁)까지 이다.

4) 퓨전 한식으로 젊은층 외국인 공략 〈자연별곡〉

왕의 수라상을 콘셉트로 전통한식을 선보였던 '자연별곡' 은 최근 늘어난 30~40대 고객을 위해 퓨전 메뉴 비중을 높여 가고 있다. 자연별곡 관계자는 다른 한식뷔페들보다 상대적으로 저렴한 가격 때문에 가성비를 우선적으로 생각하는 젊은층의 발길이 늘어났다.

명동, 잠실, 홍대점 등은 오픈 초기부터 외국인 관광객들이 자주 찾는 명소로 겨울에 선보인 통마늘 오리바비큐보쌈, 부지깽이 파스타와 같은 퓨전 메뉴들은 한식이 낯선 외국인 고객들에게도 좋은 반응을 얻고 있다.

자연별곡의 인기메뉴는 지난 2016년 여름부터 선보여 꾸준한 인기를 얻고 있는 바비큐보쌈이다. 야들야들하게 삶은 수육을 철판에서 바삭하게 구워낸 퓨전 보쌈으로 젊은층의 입맛에 맞춰 기존 메뉴를 리뉴얼했다. 한 번 더 구워내는 과정에서 고소한 맛이 확 살아나 고객 선호도가 다른 메뉴들에 비해 약 2배가량 높다.

겨울배추를 푸짐하게 넣어 달큰 시원한 국물 맛이 일품인 불고기전골은 추운 날씨에 차가워진 속을 따뜻하게 데워주는 데 제격이다. 모든 고객층이 즐길 수 있는 메뉴지만 그래도 속이 든든해지기를 원하는 중 장년층 이상이 많이 찾는 편이다. 2017년 2월부터 제공한 제철 홍합과 주꾸미를 넣은 매콤한 해물떡찜이 전골도 인기다.

부지깽이 파스타는 사골육수와 부지깽이 나물로 맛을 더한 한국식 오일파스타다. 부지깽이는 울릉도와 제주도에서 서식하는 나물로 자연별곡은 제주도산 부지갱이를 사용한다. 말린 부지갱이를 불려 파스타와 함께 볶아내면 산뜻한 향이 감도는 한국식 오일 파스타가 완성된다. 사골국물을 육수로 사용해 기본적으로 구수한 맛이 나지만 마지막에 홍고추를 썰어 넣어 매콤한 맛이 나는 게 특징이다. 자연별곡은 이미 중국 상해에 2개의 매장을 운영 중이다. 한국과 선보이는 메뉴는 다르지만 삼계탕, 장어메뉴와 같은 퓨전 메뉴의 테스트 필드 역할을 하며 중국 내 시장개발에 주력, 국내를 찾는 중국인 관광객들의 입맛을 사로잡을 수 있는 메뉴 개발에도 박차를 가하고 있다.

이용가격은 1만2900원(평일 점심), 1만9900원(평일 저녁, 주말·공휴일), 취학 아동 9900원, 미취학 아동 6500원이며, 운영시간은 10:30~17:00(점심), 17:00~22:00(저녁)까지 이다.

5) 남녀노소 좋아하는 황금메뉴 〈계절밥상〉

2013년 론칭한 '계절밥상'은 성인기준 점심 1만4900원으로 70여 종의 한식 메뉴를 즐길 수 있다. 한 달에 한 번 꼴로 계절에 맞는 제철 먹거리를 선보이는데 잘 알려지지 않은 토종 식재료를 활용한 메뉴를 제공해 고객들은 물론 농가로부터도 호응을 얻고 있다. 계절밥상이 그간 선보인 국내산 제철 재료는 앉은뱅이 밀, 오디, 고대미 등 50종 이상이며, 이를 활용한 총 100여 종의 제철 메뉴가 소개됐다.

고기 메뉴는 남녀노소가 좋아하는 스테디셀러로 가성비를 따지는 고객층이 많이 찾는 만큼 계절밥상에서도 항상 신경쓰는 부분이다. 황금마늘보쌈은 가을에 나온 보쌈메뉴를 새롭게 리뉴얼한 것으로 촉촉하게 육즙이 살아 있는 보쌈고기에 마늘 소스와 바싹하게 튀긴 마늘칩을 올려 먹는 메뉴다. 이전부터 돼지고기와 마늘의 조합은 맛이나 영양적인 면에서 모두 잘 어울리는 찰떡궁합 레시피다.

마늘듬뿍 소스의 달콤알싸한 맛이 돼지고기의 잡내를 잡고 여기에 젊은 여성들의 입맛에 맞춰 바싹하게 튀겨낸 마늘칩을 따로 마련해 고기에 올려 먹을 수 있도록 했다. 소스는 마늘 소스, 새우젓 소스와 쌈장 소스를 종류별로 준비해 고객들이 입맛에 맞춰 골라 먹을 수 있다. 곁들여 먹는 꼬들무말랭이김치의 오독오독한 식감은 부드러운 보쌈고기와 어우려져 입안에서 씹는 맛을 더한다.

저녁·주말 메뉴로 선보이는 얼큰낙지소고기전골은 겨울에 맞춰 선보이는 뜨끈한 국물요리로 모임을 위해 찾는 고객들을 위한 메뉴다. 외식문화에 대한 소비자들의 눈이 높아진 만큼 고급 식재료인 낙지와 소고기를 푸짐하게 넣어 가성비까지 높였다. 칼칼한 국물이 지난 2016년부터 선보인 주안상 메뉴와도 잘 어울려 50~60대 남성 고객들에게 인기가 높다. 황금치즈퐁듀는 젊은층, 특히 20대 여성층을 위한 퓨전 메뉴다. 한식뷔페는 건강을 생각하는 중　장년층이 자주 찾는 만큼 그간 주력하지 못했던 젊은층을 공략하고 있다.

이용가격은 1만4900원(평일 점심), 2만3900원(평일 저녁, 주말·공휴일), 취학 아동 1만900원, 미취학 아동 7500원이며, 운영시간은 11:00~16:00(점심), 16:00~22:00(저녁)까지 이다.

4. 전통 백반에서 생선구이, 조림 프랜차이즈 전개

집반찬에서 HMR·외식 아이템으로 변화한 생선구이와 조림의 공통점은 누구나 좋아하지만 집에서 해 먹기는 번거로운 메뉴라는 점이다. '구운 생선'에 대한 주부들의 니즈는 이미 수년 전부터 존재했다. 2~3년 전 강남권을 시작으로 백화점 식품관에 구운 생선이 등장하기 시작하더니 최근에는 대형마트에서도 어렵지 않게 찾아볼 수 있게 됐다. 종류도 다양해졌다. 초창기 메로와 연어 등 값비싼 고급 어종에 한정했던 것과 달리 요즘은 고등어와 삼치, 갈치구이가 차지하는 비중이 더 높다. 그만큼 집반찬으로서 생선구이의 선호도가 높다는 얘기다. 조림류도 마찬가지다. 레토르트 조림장에서 즉석 반찬, 냉장 냉동 HMR 등 생선조림을 먹는 법이 점차 편리해지고 있다. 고등어조림과 코다리조림은 백화점 반찬코너나 일반 반찬가게에서 가장 잘 팔리는 메뉴 중 하나다.

1인용 생선구이 제품의 등장도 눈에 띈다. 1인 가구 증가로 1인용 간편식에 대한 수요가 높아지면서 1인용 생선구이 제품이 마트는 물론 편의점 즉석식품 매대에도 등장했다. 더 이상 집에서 냄새 풍기며 생선을 굽지 않아도 되는 시대다.

개인업소에서 프랜차이즈로 영역 넓히는 생선구이나 조림은 프랜차이즈 아이템이라기 보단 개인업소용 메뉴에 그쳤던 것이 사실이다. 일반인들이 연상하는 생선구이 또는 조림은 서울 동대문과 종로의 생선구이 골목, 남대문의 갈치조림 골목을 비롯해 백반집이나 기사식당 등의 이미지가 대부분이다. 생선구이를 메인 찬으로 서너 가지 밑반찬과 공기밥을 부담 없는 가격에 판매하는 '서민형 밥집'으로 생선의 맛이나 선도를 논하기보다는 저렴한 가격과 푸짐한 양을 경쟁력으로 하는 곳들이다. 이들이 질보다는 가격에 중점을 둘 수밖에 없었던 가장 큰 이유는 원재료 수급과 손질의 어려움 때문이다. 대량구매, 원가절감, 전처리, 유통체계 없는 점포 확장은 불가능하다.

이를 처음으로 실현한 곳이 생선구이 프랜차이즈 1세대로 손꼽히

는 '선굼터'다. 지난 2001년 직영매장 '어굼터'로 시작해 2003
년 가맹사업을 개시하며 5년 만에 매장수를 120개까지 확대했다.
2013년 선굼터로 브랜드를 전환, 현재 70여 개 매장을 운영 중이다.
이곳 대표는 "블루오션이라고 할 만큼 경쟁상대가 전무했던 때라
한창 잘 나갈 때는 매장 수가 300개를 넘어서기도 했다"며 "비린
내 없는 생선가공기술을 개발하고 대량구입 유통망을 확보해 신선
한 생선을 공급, 개인 음식점과는 차별화된 시스템을 내세운 것이
주효했다"고 설명했다.

2세대인 신생 브랜드가 등장하기 시작한 것은 이보다 한참 뒤인
1~2년 전부터다. 제주의 생선가공업체 올래씨푸드와 외식기업 (주)디
딤이 각각 생선구이와 조림을 주력 메뉴로 한 올래밥상, 고래식당을
론칭했고 직영운영을 통한 검증을 거쳐 올해부터 본격적인 가맹사업
에 뛰어들었다. 최근 진땡이, 늘채움, 어부밥상 등 후발주자들도 가
맹점 모집을 위한 채비에 나섰다.

생선구이와 조림 같은 경우 사계절 기준으로 겨울철 매출이 가장
높고 여름철 매출이 상대적으로 낮은 편이다. 일일 기준으로는 점심
과 저녁 평균 6:4~7:3 정도의 매출 비중을 보인다. 따라서 사이드메
뉴 구성과 판매전략을 통해 점심과 저녁, 겨울과 여름의 매출 편차
를 최소화, '비수기 없는 아이템화' 하는 것이 중요하다. 생선구이

전문점, 생선조림전문점이라는 콘셉트만을 내세우기보다는 집밥, 가정식, 식당처럼 언제든 부담 없이 방문할 수 있는 콘셉트로 낮에는 식사, 밤에는 안주를 충족시킬 수 있는 사이드메뉴를 구비한다면 계절 편차와 일 편차를 최소화 할 수 있다.

사이드메뉴 구성시에는 메인인 구이 또는 조림과 조리법이 중복되지 않되 상호보완적 역할을 하는 탕이나 볶음류 등이 적합하다. 특히 생선을 사용한 맑은탕이나 매운탕 등은 오퍼레이션이 용이하고 원가율이 뛰어날 뿐 아니라 식사와 안주를 겸할 수 있어 사이드메뉴로서 가치가 높다.

계절별 찬 구성 변화로 식상함을 탈피하는 것도 중요하다. 찬의 경우 가맹점 원가 절감과 신선도 유지를 위해 본사공급이 아닌 매장조리를 원칙으로 하는 곳들이 많다. 가맹점별 상권과 고객특성에 따라 선호도 높은 찬류를 선택하되 원가상승요인이 되지 않도록 고정메뉴와 계절메뉴를 구분해 운영한다. 생김 또는 구운 김은 생선구이·조림과 궁합이 좋고 선호도도 높아 사계절 내내 내기에 좋다.

원재료에 대한 철처한 분석으로 프랜차이즈화에 성공 했는데 생선요리에서 가장 큰 비중을 차지하는 부분이 바로 원재료인 생선 손질과 관리다. 생선요리 프랜차이즈 업체들은 생선을 대량으로 수매해 냉동저장해 두었다가 그때그때 필요한 만큼 가공 후 가맹점에 납품하는 방식으로 전처리 과정을 줄이고 오퍼레이션을 간소화하고 있다. 또 어종에 따라 직수입 또는 국내 업체를 통해 구매하는 방식으로 수급 경로를 이원환, 삼원함으로써 연중 일정한 공급가를 유지한다.

일부 브랜드를 제외하고는 노르웨이산 고등어, 세네갈산 갈치, 러시아산 명태 등 수입 원재료 사용으로 객단가를 낮춘 것도 생선메뉴를 프랜차이즈화 할 수 있었던 경쟁력이다. 국내산 생선이 워낙 고가인 특성상 수입산 식재료 사용에 덜 민감한 아이템이라는 점을 잘 활용했다. 현재 국내산 명태는 멸종 위기로 연간 어획량이 2톤(2010년 기준. 2000년 162톤)에 지나지 않는 데다, 제주산 갈치는 대형마트 기준 마리당 판매가가 7~8만원을 호가하는 수준이다. 소비자들도 이미 마트에서 쉽게 구입할 수 있는 세네갈산 갈치나 러시아산 명태에 익숙해졌다. 고등어의 경우 조금 다른 케이스다. 과거에 비해 기름진 생선에 대한 선호도가 높아지면서 담백한 국내산 고등어보다는 기름진 노르웨이산 고등어를 '맛있는 고등어'로 인식하는 이들이 많아졌다. 업체 한 관계자는 "국내산과 노르웨이산 고등어의 가장 큰 차이점은 가격보다는 맛"이라며 "노르웨이산 고등어 수입량이 증가하면서 수급이 용이해진 점도 외식업소에서 노르웨이산을 선호하는 이유 중 하나"라고 설명했다.

생선구이나 조림 프랜차이즈의 주방 오퍼레이션은 간단하다. 생선류는 업체에 따라 조금씩 차이는 있지만 머리와 내장, 지느러미 등을 제거한 뒤 염지 숙성을 거쳐 냉동 상태로 가맹점에 공급하기 때문에 전체 조리과정 중 생선손질이 차지하는 비중은 크지 않다. 매장에서는 전처리를 마친 생선을 해동해 굽거나 양념과 함께 조려내기만 하면 되므로 메뉴별 조리시간은 10~15분 내외로 짧다.

생선구이나 조림은 10~20년 전에도 있었던 메뉴다. 생선구이 골목이라는 상권만 봐도 생선구이는 외식 아이템으로서는 이미 검증된 메뉴라 할 수 있다. 하지만 파워풀한 아이템이 되지 못했던 이유는 반복구매로 이어지는 매력적인 요소가 부족했기 때문이다. 대표적인 것이 저녁메뉴로서의 매력도다. 여러 가지 안주 중 하나로 생선구이를 고르는 사람은 있어도 생선구이 하나만을 두고 술을 마시는 사람은 거의 없다. 생선구이는 기본, 여기에 생선회나 전골 같은 다른 요리를 곁들여 폼나게 먹고 싶어 하는 것이다. 이러한 심리를 읽지 못한다면 결국은 경쟁에서 밀릴 수밖에 없다. 바닷가 식당에서 바다를 바라보며 먹는 해물밥상이 맛이 없을 리 없다. 생선구이 또는 조림 프랜차이즈는 바다요리 중 선호도 대비 오퍼레이션이 좋은 한 가지 메뉴만을 특화한 전문점이다. 하지만 더 이상 고객은 '집에서 먹기 번거로운 생선을 구워주는' 것 만으로 감동하지 않는다. 예비

창업자도 마찬가지다. '생선을 굽기만 하면 되는' 편의성에만 치우친 나머지 정작 중요한 부분을 놓쳐버리는 실수를 하지 않기 위해서는 충분한 시장조사를 통해 본사의 경쟁력을 파혜쳐보는 자세도 필요하다.

〈표3〉 생선구이 · 조림 프랜차이즈 운영 현황

브랜드명	콘셉트	메뉴구성
고래식당	시래기생선조림 전문점	생선조림, 생선구이, 생선탕
늘채움	일본 가정식 생선구이	생선구이단품, 생선구이정식
선굼터	생선구이+김치찌개 전문점	생선구이, 탕 · 찌개, 생선조림, 볶음, 해물찜
어부밥상	푸드코트형 생산구이 전문점	생선구이정식, 생선조림, 덮밥, 생선탕
올래밥상	제주생선구이 전문점	생선구이, 생선조림, 성게미역국, 찜
진땡이	매콤명태조림 전문점	명태조림, 생선탕, 생선구이, 볶음, 숙회

자료: 박선정, 월간식당, 2017,12 188

1) 생선구이+김치찌개로 원팩공급 〈선굼터〉

저녁시간 주류고객까지 커버하는 폭 넓은 메뉴구성을 한 〈선굼터〉의 가장 큰 경쟁력은 메인메뉴와 사이드메뉴가 조화된 메뉴구성에 있다. 생선구이를 주력으로 조림과 탕·찌개, 볶음류까지 갖춘 탄탄한 구성으로 다양한 상권에서 폭넓은 고객층을 수용할 수 있는 잠재력을 갖췄다.

주력으로 내세우는 것은 생선구이와 김치찌개다. 흔히 생선구이와 조림을 위주로 하는 여타 브랜드와는 달리 '생선구이·김치찌개 전문점'을 전면에 내세움으로써 생선을 선호하지 않는 이들도 부담없이 들를 수 있도록 했다. 누구나 좋아하는 김치찌개를 함께 부각시키는 전략으로 단일메뉴로서의 취약점을 극복한 것이다. 생선구이와 김치찌개의 궁합도 좋아 2인 이상 방문한 테이블에서는 두 가지메뉴를 동시에 주문하는 것이 일반적이다. 고등어김치조림과 갈치조림, 대구탕과 동태탕 등 생선을 주재료로 한 사이드 메뉴 외에 제육볶음과 주꾸미볶음, 빈대떡과 같은 안주용 메뉴도 충실하다. 가맹점주는 생선구이류와 김치찌개 두 가지의 필수 메뉴 외에 상권특성에따라 다양한 메뉴를 선택해 조합할 수 있다. 본사에서 제공 가능한메뉴는 총 50여 가지다.

식품제조기술 갖춘 탄탄한 메뉴개발력 강점을 갖추고 이처럼 다양한 메뉴를 취급할 수 있는 것은 식품제조기술을 갖춘 본사의 메뉴개발력에 있다. ㈜선굼터는 지난 2001년 1호점 오픈당시에 이미 생선가공과 식품제조가 가능한 공장시설을 완비하고 생선을 포함한 모든 메뉴를 본사를 통해 공급하고 있다. 50여 가지 메뉴군을 갖추기까지 시행착오와 손실도 만만치 않았다. ㈜선굼터의 대표는 지난 2015년 수제도시락 브랜드 '맛도락'을 론칭하고 프리미엄 도시락 메뉴개발에만 2년여를 투자했다. 이를 통해 퀄리티와 가공기술을 높이는 동시에 완성된 메뉴는 선굼터로 확장시키는 전략을 펼친 것. 결과적으로는 얼마 전 도시락 사업에서 손을 떼며 1억 원이 넘는 손실을 남겼지만 그간 개발한 레시피를 선굼터의 계절메뉴로 선보이기 시작하면서 점주 만족도가 한층 높아지는 효과를 보고 있다. 최근에는 타 프랜차이즈 업체로부터의 OEM 의뢰도 늘었다. 주꾸미볶음과 녹두빈대떡 등이 인기 품목으로 자사 브랜드인 선굼터의 경쟁력 확보를 위해 메뉴에 따라 가공도와 레시피를 조금씩 달리해 공급하고 있다. 구매력과 제조기술을 갖춘 본사의 경우 지속적인 재투자와 원가 절감이 가능하다는 것이 강점이다.

완조리 후 원팩 공급으로 초간편 오퍼레이션, 경기도 하남시 위치한 제조공장은 크게 생선가공실과 식품제조실로 나뉜다. 생선가공실

과 식품제조실로 나뉜다. 생선가공실에는 구이와 조림, 탕류 등 생선 요리용 생선의 전처리 및 숙성작업이 이뤄지며, 손질을 마친 생선은 식품제조실로 이동해 완조리 원팩 제품으로 포장된다. 생선조림과 탕, 김치찌개 등 생선구이를 제외한 모든 메뉴가 원팩 냉동상태로 가맹점에 입고, 매장에서는 해동 후 메뉴에 따라 부재료를 넣고 한 번 더 끓여내는 식이다.

구이용 생선은 48시간 저염숙성을 거친 뒤 급랭해 10마리 단위로 공급한다. 매장에서는 별도의 손질 없이 해동한 생선을 굽기만 하면 된다. 메인 식재료인 생선은 생선맛이 가장 좋은 가을~초겨울에 걸 쳐 1년 사용분을 대량으로 매입, 단가를 낮추고 연중 균일한 품질을 유지하고 있다.

운영 경쟁력은 구이·조림, 탕·찌개, 안주류 등 다양한 메뉴 지 원과 상권특성, 점주성향에 따라 추가메뉴 구성 가능 및 전메뉴 원 팩 공급으로 조리과정 최소화에 있다.

가맹점 기본규모는 99m² 이상으로 필수 주방기물은 생선 냉동고, 원팩보관용 냉장고, 구이용 그릴과 본사 공급식재 구이용 생선(벌크 형), 조림·탕·찌개류(원팩)를 준비해야 한다. 창업비용은 6650만원 (99m² 기준), 전화는 1688-2592 이다.

주요 메뉴구성은 고등어구이 8000원, 삼치·가자미구이 9000원,

갈치구이 10000원, 김치찌개 8000원, 제육·주꾸미볶음 15000원(2인)이다.

2) 생선조림·구이에 솥밥 접목 〈고래식당〉

㈜디딤의 생선조림·구이 브랜드로 지난 2016년 인천 송도에 1호점 오픈 이후 현재 14개점을 운영 중이다. 트렌드에 민감하지 않고 안정적인 수익창출이 가능한 아이템인 집밥, 그 중에서도 선호도는 높지만 쉽게 해 먹기 힘든 생선조림과 구이에 솥밥을 접목한 메뉴 구성으로 경쟁력을 높였다.

객단가·가성비 높여 집밥의 한계를 극복한 고래식당의 운영방식 중 가장 주목할 만한 부분은 객단가와 고객층 설정이다. 시래기 생선조림과 즉석 솥밥, 8가지 찬으로 구성된 상차림을 1만2000원대 객단가에 제공한다.

직장인뿐 아니라 주부층까지 끌어들이며 기존 집밥 메뉴의 한계를 극복했다. 고객층 확장은 매출증대로 이어진다. 아파트 단지와 오피스가가 결합된 복합상권 99m² 규모 매장에서 이른 점심에는 직장인, 늦은 점심에는 30~40대 주부, 저녁과 주말에는 가족단위 고객으로 좌석을 채우며 점포당 매출을 극대화하고 있다.

이곳의 메인메뉴는 전체 주문 건수의 70%를 차지하는 시래기 생선조림이다. 생선조림의 부재료로 무나 감자가 아닌 시래기를 선택해 보다 특별한 생선조림을 완성한 것이 차별화 포인트다. 여기에 콩과 고구마를 넣어 지은 솥밥과 8가지 찬, 마무리로 즐기는 누룽지까지 푸짐한 한상을 제공함으로써 점심시간에도 1만 원이 넘는 비용을 아깝지 않게 지불할 수 있는 가성비를 갖췄다.

분말양념·섞어조림 등으로 오퍼레이션 간소화로 생선조림류는 명태와 고등어, 삼치, 갈치의 네 가지로 초벌 조리를 해야 하는 명태조림을 제외하고는 모두 15분 만에 조리가 끝난다. 냉동상태의 생선과 삶은 시래기에 분말 양념과 물을 넣어 끓여내기만 하면 되는 방식. 주방에서 완전히 익힌 상태로 제공하므로 고객 테이블에서는 추가로 익힐 것 없이 바로 취식이 가능하다. 기호에 따라 좀 더 졸이고 싶거나 온기를 유지하고 싶을 때는 테이블에 장착된 레인지를 사용하면 된다.

고등어, 삼치, 갈치와는 달리 살짝 건조한 생선을 사용하는 명태조림은 초벌 조림해 두었다가 주문이 들어오면 한 번 더 끓여 제공한다.

고래식당의 조림메뉴는 여러 가지 생선을 섞어조림이 가능하다. 동일한 양념을 사용하는 고등어와 심치, 갈치는 기호에 따라 생선을 섞어 주문할 수 있는데, 여러명이 주문해도 한 냄비에 조리할 수 있어 간편하고 제공시간도 단축할 수 있어 효율적이다. 생선에서 천천히 맛을 우려내는 것이 아닌 진한 양념에 빠르게 끓여 내는 조림메뉴이기 때문에 섞어조림을 해도 생선 가각의 맛과 식감이 흐트러지지 않는 점을 활용했다. 실제 여럿이 방문한 고객은 다양한 생선을 섞어서 주문하는 것이 일반적이다.

생선 종류별로 가공 달리해 공급, 선도유지 하는 고래식당은 가맹점에 공급하는 생선의 원재료비를 낮추는 동시에 비린내를 효과적으로 잡는 방법으로 종류별 가공도를 달리하는 방식을 택했다. 고등어와 삼치는 머리와 꼬리, 지느러미, 내장을 제거해 세로로 반 가른 상태로 공급한다. 뼈가 붙어 있는 쪽은 구이용으로 뼈가 없는 족은 조림용으로 사용하는데, 구이용에 한해 해동 후 쌀뜨물에 씻어 비린내를 제거한 뒤 소금등 밑간 양념을 하는 과정을 거친다. 갈치손질은 조금 더 손이 간다. 손질되지 않은 통마리 상태의 갈치를 해동해 머리와 내장, 비늘을 제거한 뒤 쌀뜨물에 씻어 일일이 토막내는 작업을 거쳐야 한다. "갈치의 경우 100% 전처리를 거친 것과 매장에서 직접 손질하는 것의 맛의 차이가 크다"며 "여러 가지 방법으로 테스트한 결과 가장 비린내가 덜 한 현재의 방식을 선택했다"는 것이 본사 관계자의 설명이다.

생선 전처리에 소요되는 시간과 비용은 가맹점 납품가를 떨어뜨리는 방법으로 상쇄해 수지타산을 맞췄다.

3) 제주산 생선구이를 외식으로 즐긴 〈올래밥상〉

수산물전문 유통업체의 원재료 노하우 강점의 〈올래밥상〉을 운영하는 올래씨푸드는 제주에 기반을 둔 수산물전문 유통업체로 지난 2005년 설립됐다. 제주를 벗어나 수도권에 진출한 것은 2013년 롯데호텔과 신세계·롯데백화점, AK프라자 등에 옥돔·갈치 선물 세트를 납품하기 시작하면서다. 질 좋은 제주산 생선 선물세트는 VIP를 중심으로 인기리에 판매되었으나 매출만으로는 극복할 수 없는 한계가 있었다. 바로 제주에서 서울까지 오는 물류비용과 수수료 문제였다. 고민 끝에 백화점 매장을 모두 철수하고 새로운 수익모델 개발에 눈을 돌린 결과 탄생한 것이 테이크아웃 생선구이 전문점 올래밥상 오목교점이다. 13m² 도 채 안 되는 작은 공간에서 생선을 구워팔면 일 30~40만원의 매출을 올렸다.

하지만 2호점부터는 테이크아웃이 아닌 일반 음식점으로 업종을 바꿨다. 테이크아웃만으로는 점포당 매출은 물론 점포 확대에 있어서도 특정 기준점을 넘어서면 한계에 부딪힐 거라는 판단 때문이다.

지금은 제주산 생선구이를 메인으로 성게미역국과 돌문어찜, 소라찜 등 다양한 제주 해산물을 취급하는 외식매장으로 자리매김했다. 테이크아웃은 메인이 아닌 부가매출 아이템으로 활용하고 있다. 현재 직영점 1곳을 포함해 총 8개 매장이 운영 중이다.

청정 제주 생선구이로 이미지 차별화를 시도한 〈올래밥상〉의 가장 큰 경쟁력은 바로 제주산 생선이라는 원재료의 차별성이다. 고등어와 갈치는 한림, 삼치는 추자 인근, 가자미는 서귀포 등 올래씨푸드에서 수매한 생선을 올래밥상 매장에 공급하는 방식으로 본사의 유통마진을 줄이고 가맹점 납품가를 합리화했다. 모든 생선은 수매 후 제주 애월에 위치한 공장으로 이동, 손질과 저염숙성 후 스팀오븐에서 50%정도 익히는 초벌구이 과정을 거친다. 초벌구이한 생선은 바로 급랭 후 진공 포장해 공기와 접촉하는 시간을 최소화하는데 이것이 바로 비린내 없이 신선한 생선구이 맛의 비법이다. 오로지 천일염 하나만으로 간을 해 생선 특유의 맛을 살리고, 스팀오븐에 구워 수분손실을 최소화했다. 가공을 마친 생선은 고등어 한 마리 단위로 삼치와 가자미는 벌크형으로 공급해 매장에서는 해동 후 포장을 뜯어 굽기만 하면 된다. 제주산 생선 가운데서도 가장 비싼 것이 바로 갈치. 갈치의 경우 도막이 아닌 마리 단위로만 판매하는데 워낙 높은 가격 탓에 단가와 재고관리 효율성을 높이기 위함이다. 1미터에 가까운 통 갈치구이 한 마리의 가격은 7만원 저녁시간대 술안 주용으로 인기가 좋다.

다양한 제주 요리로 고객층 확장과 매출 증대로 이어져 〈올래밥상〉은 메인메뉴인 생선구이 외에도 생선조림, 성게미역국, 돌문어찜, 소라찜 등 제주 해산물을 이용한 다양한 사이드 메뉴를 구비해 제주 해산물 전문점으로서의 이미지를 더했다. 점심에는 생선구이 밥상, 저녁에는 해산물 요리에 올레 소주나 한라산 소주를 곁들이는 직장인들도 많다. 술안주로 확장 가능한 메뉴구색 덕분이다. 생선구이를 제외한 사이드메뉴 판매는 점주자율에 맡기고 있다. 매장규모와 주방시설, 상권특성 등을 원하는 메뉴를 추가할 수 있어 점주 만족도가 높다. 한편 논현 직영점에서는 생선조림은 물론 제주돼지를 이용한 갈비찜을 새롭게 선보여 좋은 반응을 얻고 있다. 생선을 먹지 못하는 이들을 위한 서브 메뉴로서 개발했지만 제주돼지라는 키워드 덕에 생선구이 못지않게 반응이 좋다. 현재 논현 직영점에서 한해서만 판매하고 있지만 곧 전 매장으로 확대할 예정이다.

반찬구성에도 제주라는 특색을 살렸다. 대표 반찬인 미농지는 풋마늘줄기 장아찌로 풋마늘 특유의 은은한 향이 생선구이와 좋은 궁합을 이룬다. 미농지를 제외한 찬류는 매장별로 자율적으로 구성할 수 있다.

운영 경쟁력으로는 100% 제주산 생선구이와 49.5m² 규모 소자본 창업 가능 및 초벌구이 생선으로 간편하게 조리.

기본규모는 49.5m² 이상 이며, 필수 주방기물은 생선 냉동고, 구이용 그릴과 본사 공급식재는 생선류, 미농지(풋마늘줄기 장아찌)와 창업비용은 6370만원 49.5m² (15평 기준)이다.

전화는 064-711-4789이며, 메뉴구성은 고등어·삼치구이 8000원, 가자미구이 9000원, 성게미역국 1만2000원, 통갈치구이 7만원, 서귀포돌문어찜 100g/7000원, 세트류 2만5000 ~ 3만 7000원 이다.

4) 28가지 황태 활용 특화메뉴 〈황태장인〉

황태로 얼마나 다양한 요리를 할 수 있을까? 황태장인은 28가지 황태요리를 제공하는 독보적인 황태요리 전문 프랜차이즈다. 순댓국, 감자탕, 국밥처럼 경쟁이 치열한 프랜차이즈와 차별화하고 황태라는 아이템으로 황태강정, 황태까스 같은 새로운 메뉴 개발과 육수제조에 대한 특허를 받아 경쟁력을 높였다.

황태를 활용한 특화메뉴, 기존 시장과 차별화를 시도 한 술 마신 다음날 생각나는 해장메뉴로 깔끔하고 시원한 국물의 황태해장국을 빼놓을 수 없다. 담백한 맛에 필수아미노산이 많아 해장에 좋다는 것은 알고 있지만 딱히 떠오르는 전문점이나 유명브랜드는 없다.

황태장인은 황태라는 희소성 있는 아이템으로 경쟁이 치열한 순댓국, 감자탕, 기타 국밥 메뉴와 차별화 시키면서 진입장벽을 높였다. 시장에서 중복되는 아이템을 배제하고 황태요리 프랜차이즈로 성공한 사례가 많지 않다는 점을 고려해서 사업 아이템으로 선정한 것이다.

특히 황태는 육류파동이나 조류독감 등에 영향을 받지 않는 건조식재료로서 충분한 물량만 확보한다면 가뭄이나 홍수 등 자연재해나 가격변동에 상관없이 안정적으로 사업을 운영할 수 있다.

황태장인은 수협과의 업무협약을 통해 고품질의 황태를 공급받고 있다. 강원도 용대리 건조산 황태에 대한 독점 물류 계약을 맺고 전국 물류망을 확보해 각 매장에 황태를 안정적으로 공급한다.

특허받은 육수, 조리 간편한 원팩 시스템으로 〈황태장인〉은 요리에 들어가는 육수와 소스등을 OEM생산해 가맹점에 원팩 상태로 공급한다. 황태해장국, 황태설렁탕에 들어가는 깊고 진한 육수는 특허받은 제조비법으로 OEM을 통해 생산하고 보쌈고기나 만두, 기타 손질이 어려운 재료도 매장에서 칼질 필요없이 데우기만 하면 되는 완제품 상태로 공급한다.

탕 종류의 경우 육수 준비가 필요 없고 탕 위에 올라가는 달걀지

단과 고명 3~4가지만 준비하면 되기 때문에 조리시간이 짧다. 본사에서 공급하는 육수는 황태육수와 황태설렁탕 육수 2가지. 황태육수는 황태머리와 강원도산 들기름을 푹 끓인 다음 높은 압력을 가해 추출해내는 방식으로 원액을 만들어낸다.

황태설렁탕 육수는 여기에 한우 잡뼈로 우려낸 사골국물을 섞어 만든다. 육수 원액을 추출하는 방식과 깊고 진한 맛을 내는 황태육수와 사골 육수의 적절한 배합비로 특허를 받았다.

다양한 메뉴 개발로 경쟁력을 UP시킨 황태하면 일반적으로 떠오르는 메뉴는 황태해장국과 황태구이 정도. 황태장인은 이외에도 황태까스, 황태강정 등 28가지에 달하는 다양한 메뉴를 개발함으로써 황태요리 전문점으로서 확고한 입지를 굳혔다.

고객들이 1일 1탕이라고 말할 정도로 식사 메뉴로 먹을 수 있는 탕 종류만 7가지에 달한다. 여기에 가볍게 곁들일 수 있는 황태구이와 1인 보쌈, 더덕구이를 탕과 세트메뉴로 구성해서 객단가를 1만 2000~1만5000원으로 높였다.

황태까스는 황태채를 물에 불려 부드럽게 만든 다음 빵가루를 입혀서 기름에 튀겨낸다. 생선까스보다 비린내는 덜하면서 담백하고 고소한 맛이 어린이 고객뿐만 아니라 어른들 입맛에도 잘 맞는다. 황태강정은 황태 채에 튀김가루를 입혀서 튀겨낸 다음 본사에서 제공하는 양념소스를 입혀 제공한다. 황태장인은 고객들의 재방문율을 높이기 위해 다양한 메뉴를 구성하지만 식재료에 대한 부담은 줄어들도록 한 가지 재료를 다양한 방식으로 사용함으로써 운영 효율을 높인다. 황태구이 소스를 황태비빔밥과 황태물냉면에 올리는 양념황태 고명에도 적용하는 방식이다. 최근에는 황태순두부, 황태얼큰해물탕에 들어가는 해산물을 이용해 황태해물찜 메뉴를 새롭게 구성했다. 보쌈, 해물찜 등 다양한 술안주로 저녁시간 찾는 고객들의 비중이 약 40%, 객단가는 1.5~2배 정도로 껑충 뛴다.

PB상품 판매로 부가수익을 창출하는 〈황태장인〉은 각 매장에서 점심과 저녁 영업, 배달, 포장판매와 도불어 PB상품 판매로 부가수익을 올린다. 식사 고객 5명 중 1명은 PB상품을 구입해 가는데 일반적으로 상품구입 단가가 식사 객단가보다 2배이상 높다. 판매품목은 수협에서 공급 받는 황태채, 황태포등 황태상품 5종과 매장에서 반찬으로 제공되는 낙지젓갈, 석박지, 황태구이양념장 등이다. 황태는 매장에서 사용하는 재료와 동일한 제품으로 고객들이 음식을 먹어보고 7만8000원짜리 황태선물세트를 사가거나 대량으로 구매해가는 경우도 있다.

브랜드 론칭은 2016년 3월에 하였으며 현재 매장수는 3개이다. 창업비용은 99.17m² (30평 기준), 약 8800만원 이며, 전화는 1899-1029이다.

III

자연먹거리, 건강, 웰빙
우수브랜드 성공 사례

1. 자연의 먹거리로 건강을 주는 〈산너머 남촌〉

〈산너머 남촌〉은 강원도 토속음식을 지향하는 한정식전문점이다. 청정 강원지역의 건강한 식재료로 고객들에게 맛있는 음식을 제공함으로써 건강과 행복을 고객에게 드리는 것이 이곳의 모토다.

전신은 1997년에 선보인 '강영월 감자옹심이'로 5개의 직영점과 28개의 체인점을 개설했으며, 2001년에는 '강영월식품'을 설립할 만큼 식품외식업과 관련해 탄탄한 내공을 갖췄다.

산머너남촌이 탄생한 것은 2007년이다. 창업자 부부가 웰빙을 추구하는 시대의 흐름에 맞춰 건강한 강원도 토속음식을 재해석해 선보인 것이다. 이후 강영월식품을 기반으로 ㈜미션앤푸드를 설립하고 센트럴키친을 확정 이전하는 등 프랜차이즈 전개를 위한 정비작업을 통해 2009년 경기도 일산 백운호수점 오픈을 시작으로 현재 인천·안산에 2개의 직영점과 10개의 가맹점을 운영하고 있다.

기존 건물이 도로확장 등으로 철거되면서 주차장 자리에 새로 건물을 지어 지난 2013년 7월 본점을 이전 오픈해 자연의 토속적인 웰빙을 모토로 한정식을 이루고 있다.

1) 가격대비 가치를 추구하는 메뉴구성

산너머남촌의 최고의 경쟁력은 가격대비 가치가 높다는 평판이다. 최근의 음식 트랜드가 웰빙이 대세를 이루고 있는 가운데 산너머남촌은 강원도 토속한정식이라는 건강한 음식을 합리적인 가격에 먹을 수 있도록 한 것이 콘셉트였다.

메뉴는 영월정식(9900원)과 동강정식(1만 3,900원) 딱 두 가지다. 동강정식에는 애피타이저로 계절죽과 계절샐러드, 도토리묵밥, 도토리묵전이 나오는데 다 먹을 즈음 두 번째 코스인 녹두닭, 겉절이, 부추 보쌈, 옹심이탕수육이 제공된다. 마지막으로 감자옹심이와 용대리황태구이 그리고 곤드레밥으로 식사를 마치고 나면 후식으로 모시송편이 제공된다. 영월정식은 부추보쌈과 옹심이 탕수육, 용대리황태구이가 제외된다. 코스로 제공되는 메뉴는 각각 궁합이 있어 계절샐러드는 고소한 도토리묵전에 싸서 먹으면 새로운 맛을 느낄 수 있고, 국내산 생닭으로 만든 야들야들하고 구수한 녹두닭은 매콤달콤한 양념에 즉석에서 버무려 낸 계절겉절이와 함께 먹으면 더욱 맛있다. 곤드레밥은 양념장에 비벼 용대리황태구이와 먹으면 안성맞춤이다.

이곳은 모든 음식을 요리 형태로 제공해 고객들이 '찬 음식은 차게, 따뜻한 음식은 따뜻하게' 즐길 수 있도록 함으로써 한상차림으로 제공되는 한정식보다 만족도가 높다. 1만원이 채 넘지 않는 가격에 짜임새 있는 메뉴 구성으로 즐기는 한정식 코스요리는 고객만족도를 높이는 일등공신이다.

2) 웰빙 트렌드에 맞는 고향 음식

산너머남촌에서 선보이는 음식은 현대인들이 선호하는 대표적인 웰빙음식으로 구성됐다. 곤드레밥, 감자옹심이, 용대리황태구이 등 강원도 토속음식에서부터 향토음식인 도토리묵밥, 도토리묵전, 녹두닭 등 칼로리 낮은 음식과 샐러드, 옹심이탕수육 등 시대의 흐름에 맞게 재해석해 누구나 부담없이 즐길 수 있는 음식으로 고객들의 입맛을 사로잡고 있다.

이러한 메뉴 구성은 이곳 대표의 모친의 추억에서 비롯됐다. 고향이 강원도 영월인 모친과 직장 때문에 영월에서 근무하던 부친이 결혼하면서 자연스레 영월이 고향이 됐다. 그 후 강원도를 떠나 식당을 하면서 처음 선보인 것이 평소 집에서 잘 해먹었던 감자옹심이로 '강영월 감자옹심이' 라는 브랜드를 론칭하게 됐다.

이를 발판삼아 본격적으로 고향의 음식을 선보이고자 한 것이 산너머남촌의 시작으로 오픈 후 매달 빠르게 고객이 늘어나면서 줄서는 맛집 대열에 오르며 강원도 음식의 새로운 장을 개척했다. 특히 고향을 떠나온 도시민들에게 어릴 적 향수를 불러일으키는 산너머남촌의 토속음식은 그 자체가 힐링이다. 무엇보다 토속음식은 최근 사회적으로 이슈가 되고 있는 AI나 구제역 등으로 인한 식재료의 안심·안전 논란이나 외부환경에 따른 영향을 받지 않는다는 것이 가장 큰 장점이다. 여기에 음식이 자극적이지 않으면서 재료 본연의 질감과 맛에 충실하게 구성해 경기변동이나 계절변화에 영향을 적게 받아 사계절 문전성시를 이루고 있다.

3) 타깃고객 변화에 따른 매장 인테리어 변화

산너머남촌이 처음 오픈했을 당시 타깃 고객은 40~50대 주부로 매장의 인테리어도 토속적인 느낌을 물씬 풍겼다. 그러나 이전 오픈을 계획하면서 인테리어 콘셉트를 잡기 위해 고심한 결과 연령대를 완전히 낮춰 30대 이상 여성고객을 타깃으로 했다.

인테리어와 음식 모두를 중요시하는 30대 여성은 미혼과 기혼이 섞여 있고, 아이를 둔 엄마까지 다양한 형태를 띠고 있기 때문에 이들을 대상으로 해 성공할 경우 고객층이 보다 넓어질 것이라는 판단에서다. 이에 따라 인테리어 콘셉트는 콘테이너를 겹쳐놓은 듯 심플하면서 노출 콘크리트 벽과 통유리 창을 기본으로 매장 전체를 한눈에 볼 수 있도록 칸막이를 없앴다. 또 일부 테이블과 테이블 사이는 실커튼과 철사커튼으로 구분지어 이탈리안 레스토랑이라고 해도 손색이 없을 만큼 심플하게 표현했다.

건물이 완공돼 이전 오픈한 후 고객들 사이에서는 다양한 평가들이 쏟아졌다. 강원도 토속음식을 파는 음식점의 콘셉트와 인테리어 콘셉트가 언밸런스하다는 혹평도 이어졌다. 그러나 현재는 인테리어에 대한 언급은 완전히 사라졌다.

쾌적해진 분위기와 다양한 편의시설이 잘 갖춰지고 서비스 공간도 충분히 확보돼 만족도가 높아지면서 의도했던 30대 여성들이 유입돼 고객층이 확대된 것이다. 또한 30대 연인고객들이 새롭게 가세하고, 절대 다수가 여성고객이었던 독립된 룸에는 남성들로만 구성된 모임의 방문도 잦아졌다. 여기에 기존 인근 직장인들과 가족고객까지 대거 방문해 지금은 남녀노소 누구나 즐겨 찾는 외식명소로 자리매김했다.

4) 휴게공간 운영으로 여심 사로잡아

산너머남촌의 성공 원천은 말 그대로 퍼주는 넉넉함에 있다. 대표적인 것이 카페다. 지금은 식사 후 후식이나 차를 마시는 공간을 별도로 제공하는 업소들을 어렵지 않게 볼 수 있지만, 2007년 오픈당시만 해도 별도의 카페공간에서 무료로 차를 제공하는 것 자체가 센세이셔널한 이슈였다.

이러한 전략은 '일단 성공해야 돈도 번다. 많이 퍼주면 돈은 저절로 따라 온다'는 지론에서 비롯됐다. 인천 남동공단 외곽의 한적한 농가에 자리한 입지 특성상 고객을 끌만한 매력적인 뭔가가 있어야만 고객 유치가 가능하다는 생각에 휴게공간을 운영하게 된 것이다. 이러한 전략은 바로 적중해 오픈 이후 매달 고객이 부쩍부쩍 늘어나 132석의 좌석이 항상 만석으로 1~2시간 웨이팅은 기본적으로 감수해야 할 정도여서 하는 수 없이 전 좌석을 예약제로만 운영하기도 했다.

코스요리를 1만원이 채 되지 않는 가격에 먹고, 카페에서 공짜 커피와 함께 담소까지 즐길 수 있어 주부고객들에게는 1석2조의 안성맞춤인 산너머남촌은 삽시간에 입소문이 퍼지면서 서울을 비롯한 경기지역에서도 주부들이 계모임 또는 일부러 찾아올 만큼 돌풍을 일으켰다. 새로 이전한 현재의 매장은 1층은 식사공간으로 사용하고, 2층과 테라스에 별도의 카페 공간을 마련해 원두커피, 밀크커피, 매실차 등 다양한 음료와 쾌적한 분위기를 제공하고 있다.

5) 빠른 회전율로 고객 유입을 높여

산너머남촌은 한정식전문점임에도 불구하고 최고 9회전까지 고객을 접객할 정도로 빠른 회전율이 강점이다. 한 테이블 당 평균 식사 시간은 45분정도. 11시부터 영업을 시작해 2시까지 점심영업 피크타임으로 볼 때 사실상 점심에만 4회전이 가능한 셈이다.

이처럼 회전율을 높일 수 있었던 데에는 오랜 경험이 한몫을 했다. 보통 한정식당은 식사를 마친 후 마냥 앉아 있는 주부고객들이 대부분이다. 이를 개선하기 위해 처음 산너머남촌을 시작할 때부터 후식은 따로 카페에서 제공했고, 이는 업소가 성공적으로 안착할 수 있는 원동력이 됐다. 식사를 마친 고객들이 2층 카페나 테라스, 또는 1층에 마련된 정원 테라스로 이동하면서 식사 공간 회전이 자연스럽게 이뤄진 것이다.

또한 새로 건물을 지어 이전하면서 주방의 동선을 완전히 바꾼 것도 한몫을 했다. 기존의 주방은 일자형 아일랜드 주방이었는데 메뉴당 조리 공간이 한정되다보니 음식이 나가는 시간이 다소 오래 걸렸고 음식을 기다리는 고객들로 북새통을 이뤘다면, 새로 설계한 주방은 프렌치 또는 이탈리안 레스토랑처럼 주방을 라인별로 설계해 각 라인마다 조리 담당자가 3가지 정도의 메뉴를 책임지고 있어 기존보다 음식 제공 시간이 완전히 단축됐다.

주방의 앞부분은 홀 서버들의 공간으로 앞 접시나 수저, 물, 물컵 등 메뉴 이외에 고객들에게 제공해야 할 것들을 챙겨서 제공할 수 있도록 충분히 확보했으며, 매장의 동선도 서빙 카트가 오가기 편하도록 좌석 배치와 공간구획에 신경을 썼다.

사실상 주방의 라인 개선과 홀 서버들의 동선 확보, 고객들을 위한 무료 카페공간 제공이 서로 유기적으로 맞물리면서 혼선 없이 회전율을 높이고 있는 것이다.

산너머남촌은 강원도 토속 한정식을 지향하는 만큼 청정 강원의 식재료를 사용함으로써 지역농민과 윈윈하고 있는 것도 눈여겨볼 만하다.

최근 국민들의 로컬푸드 또는 지산지소에 대한 관심이 높아지면서 우리 땅에서 자란 농수축산물의 선호도가 급속도로 높아지고 있다. 농촌이 살아야 먹거리가 바로 설 수 있다는 인식이 보편화되면서 지역 특산물 사용을 마케팅 포인트로 삼고 있는 외식업체들이 점차 늘어나는 추세를 보이고 있다.

산너머남촌은 강원도 용대리에서 20번 이상 얼렸다 녹였다를 반복한 황태로 만든 용대리황태구이를 비롯해 곤드레는 태백산 해발 700m 고지에서 키운 것으로 강원도 정선과 평창지역의 특산물을 사용하고 감자와 녹두, 모시잎, 도토리도 청정 강원의 식재료를 사용하고 있다. 앞으로도 강원도의 좋은 식재료를 지속적으로 발굴해 강원도 토속음식을 만들어 수도권을 비롯해 전국에 펼치고 있다.

이 같은 노력에 힘입어 지난 2014년 4월 산너머남촌은 강원도 영월 군수로부터 그동안 강원도 영월에서 생산된 곤드레를 지속적으로 수매해 줘 농가소득에 큰 기여를 했다.

6) 가맹사업으로 브랜드 인지도 확대

산너머남촌은 한정식이라는 아이템으로 프랜차이즈 사업을 전개하고 있는 몇 안되는 업체 중 하나다. 특히 대부분의 한식당들이 점포를 운영하다보니 장사가 잘됐고, 주변의 권유로 가맹사업을 시작한 케이스와는 달리 처음부터 가맹사업을 염두에 두고 브랜드를 론칭한 것이 차별화되는 부분이다.

한정식임에도 불구하고 빠르게 가맹사업을 시작할 수 있었던 것은 이미 '강영월 감자옹심이' 라는 브랜드로 가맹사업을 펼치면서 기존에 운영하던 센트럴키친이 있었기에 가능했다. 가맹시스템과 물류 시스템을 잘 아는 상태에서 전반적인 시스템을 더욱 보완해 가맹점마다 본사와 동일한 맛을 낼 수 있도록 소스류와 즉석에서 조리만 하면 되는 가공식품을 원팩으로 공급해 줘 가맹점 운영에 어려움이 없도록 했다. 이를 위해 현재 매장 2층에는 R&D실과 본사 사무실을 갖추고 있는데, 본사 사무실보다 R&D실 공간이 더 클 만큼 메뉴개발 및 보완 등에 관심을 갖고 있다.

실제로 가맹점을 운영하고 있는 점주들은 산너머남촌의 장점 중 하나로 조리 간소화를 꼽고 있다. 본사에서 직접 유통을 해 물류마진이 전혀 없이 간편 조리 팩으로 제공하고 있어 간단히 매뉴얼만 익히면 손쉽게 조리할 수 있다. 특히 타 한정식처럼 반찬이 없기 때문에 별도로 찬모나 주방장이 없어도 누구나 조리가 가능하다.

산너머남촌은 2018년 평창동계올림픽을 기점으로 수도권 50개 매장 진출을 한 이후 향후 전국 100개 점포 전개를 목표로 하고 있다. 강원도 토속 한정식을 선보이는 만큼 강원도 평창동계올림픽은 브랜드 이미지 재고에도 확실히 도움이 되었으며, 이에 따라 R&D 및 시스템 확립에 박차를 가하고 있다.

7) 기본을 지키는 안정적인 점포 운영

산녀머남촌은 기본과 원칙을 중요시하는 소신에 따라 어느 업소보다도 주5일 근무를 빨리 도입했다. 원래 일요일은 휴무로 운영하고 있는 가운데 월요일부터 금요일 중 하루를 의무적으로 쉬도록 해 완전한 주5일 근무체제를 시행하고 있다. 아직까지 외식업소에서 주5일 근무가 정착되지 않은 상황에서 직원들에게 평일 하루를 쉬라고 하니 처음에는 적응을 못하는 사람도 있었지만, 이제는 이러한 제도가 오히려 이직을 줄이는 요소가 되고 있다. 실제로 이곳에는 오픈 초기부터 근무하고 있는 멤버들도 많고, 특히 지난 1년 동안은 이직이 눈에 띄게 줄어들었다.

또한 전 직원을 정직원으로 채용해 4대 보험과 퇴직연금을 의무적으로 도입해 운영하고 있으며, 매장에는 현금영수증 발행을 의무화해 세금도 100% 신고하고 있다.

이러한 원칙에 대해 "원래 지켜져야 하는 것이고 손해가 아니라 결국은 '투명성'이 담보가 돼 불신이 생길 소지가 없어져 오히려 장기적으로 경영에 긍정적인 영향을 미친다.

이에 따라 직원 간, 고객 간 투명한 원칙과 기본은 지켜 나가돼 사내 뉴스레터를 발간하고, 사무실 통로에 직원들의 경조사, 고객의 소리, 당월 중점 캠페인, 칭찬릴레이 등 소통을 위한 게시판을 마련하는 등 관계 강화와 융화를 위한 노력에는 더욱 힘쏟고 있다.

벤치마킹 포인트

① 고객에게 제공하는 휴게공간 : 상업용 카페공간이라고 해도 결코 손색없는 고객 휴게공간은 고객 서비스 공간이지만 매장의 회전율을 높이는 절대적인 포인트이기도 하다. 고객 취향에 맞춰 즐길 수 있는 다양한 음료를 구비한 것도 눈여겨 볼만하다.

② 건강한 한정식을 9900원에 : 뭐니뭐니해도 한정식 코스메뉴를 1만원 이하의 가격으로 즐길 수 있다는 것이 최고의 경쟁력이다. 강원도 토속음식을 기본으로 계절죽과 계절샐러드, 도토리묵밥, 도토리묵전, 녹두닭, 계절겉절이, 감자옹심이, 곤드레밥, 모시송편이 제공된다.

③ 30대 주부고객을 배려한 수유방 : 타깃 고객층을 30대 여성으로 낮춘 후 한식집에서는 보기 힘든 수유방을 설치했다. 이들 고객이 한식당에서 외식할 때 가장 난처한 것이 아기에게 젖을 줘야할 마땅한 공간이 없다는 점이다. 이곳 대표가 이의 필요성을 절감해 가장 우선적으로 배려했다.

④ 물 하나도 깐깐하게 : 대부분의 고객들은 눈여겨보지 않고 지나칠 부분이지만 산너머남촌은 물도 깐깐하게 제공한다. 매장에서 사용하는 모든 식수는 국내 유명 커피브랜드에서 사용하고 있는 '에버퓨어' 정수기를 설치해 깨끗한 물을 제공하며, 카페에서 제공하는 음료도 모두 에버퓨어 정수기를 통한 건강한 물을 제공하고 있다.

⑤ 사무실보다 큰 R&D실 : 한정식의 특성상 메뉴 개편이 자주 있지는 않지만 각 메뉴마다 조금씩 양념을 업그레이드 하는 등 지속적으로 메뉴개발을 하고 있다. 메뉴개발은 역시 강원도 토박이인 대표의 어머니가 담당하고 있다. R&D실은 향후 산너머남촌의 가맹점 전개가 본격화되면 가맹점주 조리교육을 겸할 수 있도록 했다.

⑥ 통큰 사회공헌 사업 전개 : 산너머남촌은 평소 지속적으로 다양한 사회공헌을 진행하고 있다. 특히 매출 전액을 '세이브 더 칠드런'의 빈곤아동 성장발달을 위한 통합지원 프로그램을 지원하는 '나홀로아동 없는 세상만들기' 캠페인에 기부한다.

2. 정성과 사랑을 전하는 오감만족 명품 맛집 〈정성담〉

경기도 의왕시에 위치한 〈㈜정성담〉은 숯불구이전문점 〈정성담〉과 설렁탕을 비롯해 다양한 한식 단품메뉴를 선보이고 있는 〈명가원 설농탕〉, 로스터리 커피전문점 〈194℉〉를 한 곳에서 운영하고 있는 타운형 외식업소다. 약 10년 전 안양에 첫 오픈한 명가원 설농탕을 시작으로 조금씩 확장을 거듭해 현재 의왕, 안양, 군포 세 곳에 명가원 설농탕을 운영하고 있으며, ㈜정성담으로 거듭나 체계적인 외식경영에 나섰다. 정성담은 의왕시민들이 아끼고 사랑하는 맛집으로 자리매김한 것은 물론 경기도가 지정한 경기으뜸맛집으로 유명세를 타며 영업에 활기를 띠고 있다. 경기도 의왕시에 위치한 〈㈜정성담〉은 〈명가원 설농탕〉, 숯불구이전문점 〈정성담〉, 커피전문점 〈194℉〉로 구성된 복합외식매장이다. 지난 2012년 7월에 오픈한 이곳은 쾌적한 분위기와 초대형 주차장을 갖추고 있는 것은 물론 정성어린 맛과 사랑을 전하는 서비스, 다양한 전시와 친환경 조경을 선보이며 지역을 대표하는 업소로 고객들의 사랑을 한몸에 받고 있다.

정성담은 세련된 분위기의 숯불구이전문점으로 정성을 담은 사랑이라는 의미의 상호처럼 고객들에게 정성과 품격을 더한 음식을 선보인다. 1⁺⁺의 한우등심을 비롯해 양념갈비와 왕생갈비 등 최상급의 고기를 제공하고 있으며, 전국 산지의 제철 식재료로 만든 푸짐한 한 상차림을 맛볼 수 있다. 특히 고급 한정식당에 버금가는 건강샐러드, 훈제연어말이쌈, 전복구이 등 특별한 요리들은 정성담만의 차별화 포인트다. 구이를 먹고 난 후 식사메뉴로 맛볼 수 있는 된장찌개와 오징어순대, 매콤한 양념의 코다리 냉면이 함께 나오는 오·코냉면 역시 정성담에 들르면 반드시 맛봐야 하는 추천메뉴다.

특히 재래식 된장과 황태, 꽃게, 새우, 바지락 등 9가지 해산물 육수를 베이스로 만든 된장찌개는 그 맛이 일품이다.

경기도 내 12만여 개가 넘는 음식점 중에서 145개만 지정된 '경기도으뜸음식점'으로 선정된 명가원 설농탕은 음식경영 대회에서도 대상을 수상하는 등 맛을 인정받은 곳이다. 경기도 안양과 군포에서 소문난 맛집으로 자리매김한 명가원 설농탕의 맛을 그대로 옮겨온 의왕점은 특유의 건강한 맛뿐만 아니라 쾌적한 인테리어와 서비스를 갖추고 있다. 24시간 운영하는 이곳은 국내산 사골을 365일 가마솥에서 푹 끓여 만든 진한 국물 맛이 일품이다. 설농탕을 비롯해 매생이 갈비탕, 꼬리곰탕 등 건강탕 이외에도 궁중갈비찜, 매운해물갈비찜, 오징어순대 등 단품요리도 다양하게 갖추고 있어 남녀노소 누구나 즐겨 찾는 외식장소로 각광받고 있다.

<h3 style="text-align:center">〈표4〉 주요메뉴</h3>

	명가원 설농탕	정성담	194°F
개점일	안양점 : 2005년 4월 / 군포점 : 2010년 3월 / 의왕점 : 2012년 3월	2012년 3월	2013년 7월
주요메뉴	설렁탕(8000원), 영양갈비탕(1만1000원), 도가니탕(1만5000원), 꼬리곰탕(1만7000원), 오·코냉면(9000원), 매운해물갈비찜(6만 원)	한우등심(1⁺⁺,4만8000원), 왕생갈비(4만1000원), 정성담 양념갈비(3만 원), 영양돌솥갈비정식(2만3000원)	핸드드립커피(6000~1만 원), 아메리카노(3800원), 카페라떼(4300원), 베이글(3300원), 허니버터브레드(5000원)
테이블수	안양점 : 31개 / 군포점 : 30개 / 의왕점 : 33개	35개	40개
주차	안양점 : 22대 / 군포점 : 41대 / 의왕점 : 90대		
주소	안양점 : 경기도 안양시 동안구 관악대로 249 / 군포점 : 경기도 군포시 번영로 515 / 의왕점 : 경기도 의왕시 고산로 1		
전화	안양점 : 031-384-5335 / 군포점 : 031-383-7777 / 의왕점 : 031-458-5800	031-458-2300	031-458-4466
영업시간	24시간 영업	10:00~22:00	09:00~22:00

자료 : 육주희, "월간식당" (2014. 11), 112-113.

1) 직접 로스팅해 선보이는 '194℉'

로스팅카페 194℉는 커피의 향과 맛이 가장 좋은 온도를 뜻한다. 이곳에서는 일주일에 세 번 이상 매장에서 직접 로스팅한 신선한 원두를 이용해 다양한 종류의 핸드드립 커피와 에스프레소 음료를 선보인다. 여느 커피전문점에 비해 이곳이 특별한 이유는 깊고 진한 커피의 맛뿐 아니라 이벤트를 원하는 예약 고객들에게 폴라로이드 사진을 찍어주거나 나만의 명품커피를 찾기 위한 핸드드립 체험공간을 운영하고 있다는 점이다. 또 고객이 원하는 잔을 선택해 커피를 제공하기도 하며, 직접 구운 쿠키에 원하는 문구를 넣어주는 '쿠키 토키' 등 아기자기한 숨은 재미를 선물하고 있다. 여기에 커피의 역사를 한눈에 볼 수 있는 앤티크한 소품과 다육식물 화분이 어우러진 인테리어는 이곳의 매력을 더욱 배가시킨다.

2) 꾸준한 교육이 성공의 밑바탕

정성담 성공의 밑바탕에는 꾸준한 교육이 있었다. '교육의 중요성은 아무리 강조해도 지나치지 않다'는 말처럼 경영주를 비롯해 전 직원이 꾸준한 교육을 통해 서비스인이 갖춰야 할 자세와 마인드

교육은 물론 중간관리자들에게는 리더로 성장할 수 있는 훈련을 받고 있다. 이는 외식업은 경영주만 공부해서 되는 것이 아니라 직원들과 함께 공부해야 한다는 마인드에서 비롯되고 있다. 리더의 마인드가 아무리 앞서가더라도 직원들이 따라오지 않으면 결코 혼자서는 할 수 없는 것이 외식업 비즈니스이므로 직원과 함께 호흡하면서 추진력 있게 전진하기 위해서 교육은 선택이 아니라 필수조건이라는 것이 이곳 대표의 생각이다.

대표가 교육의 중요성에 대해 절감했던 계기는 4년 전 우연히 외식전문교육기관에서 교육을 받으면서부터다. 처음 강의를 들을 때는 모두 현재 내가 잘하고 있는 것들이라는 자만심이 생겼는데, 교육을 받을수록 부족한 부분들이 발견되기 시작했다. 또 교육의 일환으로 선배 외식업 경영주들과 함께 벤치마킹을 다니면서 새롭게 배우는 것들도 만만치 않았다. 이를 통해 외식업에 대한 경영 노하우는 내가 가진 경험과 성공한 선배들의 노하우를 새로운 지식과 결합할 때 더욱 시너지를 발휘할 수 있다는 것도 체득하게 되었다.

이를 통해 직원들이 멀티 플레이어가 되도록 홍보, 마케팅 담당자나 비서라도 모든 업무를 익히도록 하고 있으며, 경영자의 마인드를 갖고 일할 수 있도록 칭찬과 포상 등 동기를 부여하는 것도 잊지 않고 있다.

3) 내부고객 만족이 곧 경쟁력의 핵심

성공하는 사람들과 그렇지 못한 사람들의 차이는 결국 실행력의 차이다. 흔히들 경영주들은 '내부고객 만족'이 중요하다고 말한다. 그러나 실제로 직원들이 만족하면서 회사에 다닐 수 있도록 애쓰고 돌보는 경영주는 그리 많지 않은 것이 현실이다.

이곳 대표는 "직원이 행복한 일터를 만드는 것이 꿈"이라고 말한다. 실제로 강의를 들으면 70% 이상을 실천하기 위해 항상 노력하는 그는 "열심히 최선을 다한 직원들에게 비전을 제시하고, 행복을 누릴 수 있도록 기꺼이 도와줘야 한다"고 말한다. ㈜정성담이라는 주식회사를 설립한 것도 경영주 혼자가 아니라 직원들과 함께 가야 한다는 진정성 있는 마인드에서 비롯됐다.

일례로 일반 회사의 직장인들이라면 흔하게 있을 수 있는 '출장'도 하루 12시간씩 매장에 얽매여 있는 서비스 종사자들에게는 부러운 일이다. 정성담은 케이터링 사업을 통해 직원들이 매장이 아닌 외부 공간에서 서비스를 제공할 수 있도록 함으로써 출장이라는 기분을 전해주고 있다. 다양한 케이터링 성격에 따라 상황과 분위기에 맞는 복장과 업무 매뉴얼로 행사를 진행함으로써 업무만족도를 높이고 있다. 또 샐러드드레싱으로 사용하고 있는 유자도 일부러 직원들과 제주도에 유자를 따러 간다거나, 속초에 오징어 경매를 받으러 직원들과 함께 간다. 이는 출장이라는 공식적인 업무를 통해 새로운 것을 보고, 느끼고, 맛보게 하려는 방안이다. 이 밖에도 5년 이상 근무한 부장들은 매년 한 번씩 제주도로 가족여행을 보내주는 등 내부고객 만족을 높이기 위한 다양한 프로그램을 운영하고 있다.

4) 문화를 통한 가치제공으로 힐링 공간 지향

정성담은 단순히 음식만 판매하는 공간이 아닌 음식과 문화가 한 곳에서 자연스레 어우러진 힐링 공간을 지향하고 있다. 직접 키운 다육식물을 고객들과 함께 감상하기 위해 기획한 '초화분전' 전시회는 2013년에 이어 매년 열띤 호응과 관심 속에 진행 됐다. 사람과 자연, 맛이 어우러진 초화분전은 고객들에게 선물하는 깜짝 이벤트이자 문화를 통한 가치를 제공하기 위함이다.

평소에도 고객들에게 아기자기한 초화분을 직접 선물하는 등 음식뿐만 아니라 다양한 이벤트를 선보여 화제가 되고 있는 정성담은 각기 다른 맛과 멋을 지닌 브랜드의 업소를 한 곳에 모아 놓았지만, 다육식물 초화분전과 카페 공간에 커피 그라인더, 전화기, 선풍기 등 테마가 있는 빈티지 소품 전시 등을 통해 문화를 공통분모로 전체적인 조화를 이루고 있다.

정성담은 단순히 먹는 공간이 아닌 문화를 통해 힐링하는 공간을 지향하고 있다. 건물 중앙을 기점으로 1층 왼쪽은 설렁탕전문점과 오른쪽은 커피전문점이 운영되고 있으며, 증정 역할을 하는 중앙계단을 통해 2층으로 오르면 왼쪽은 숯불구이전문점 정성담이, 오른쪽은 2층은 전시공간을 겸하는 커피숍이 복층으로 운영되고 있다. 또한 건물 외관의 조경도 전체적인 공간과의 조화를 중시해 전·후면을 따라 산책로와 고객 쉼터가 있고 테라스를 조성해 마치 자연 속에 있는 듯한 느낌을 주고 있다.

5) 취미를 문화·사업과 연계해 행복한 삶 추구

성공한 삶보다 행복한 삶을 추구하는 것이 말처럼 쉬운 일은 아니다. 자신의 취미를 사업과 연계해 많은 사람에게 행복과 위안을 주고 있다. 평소 취미생활로 가꾸고 있었던 다육식물을 본격적으로 가꿔 초화분전을 연다거나, 건물 옥상에서 직접 가꾸고 있는 다육식물은 초화분에 담아 정성담에서 디저트를 낼 때 함께 내 고객들에게 무료로 제공하고 있다. 또한 10년 전부터 수집한 앤틱 소품들을 전시해 뮤지엄 콘셉트의 커피전문점을 오픈했다. 앤틱 전시품들은 주로 커피 그라인더·다리미·선풍기·전화기·시계들과 원예 관련 소품들이 테마다.

이러한 아이디어는 국내외 외식업소를 벤치마킹하면서 얻고 있다. 초화분 디저트는 중국에 벤치마킹 연수를 갔을 때 한 식당에서 제공되는 디저트에서 영감을 얻었다. 6가지 종류의 디저트가 제공됐는데, 그 가운데 하나가 작은 토분에 가루 초콜릿이 담겨 나왔다. 당시 정성담에서는 과일을 디저트로 내고 있었는데, 그 토분을 보면서 다육이 초화분을 디저트와 함께 내면 좋겠다는 생각이 번뜩 들었다. 한국에 돌아와 당장 자그마한 화분을 제작 주문해 접시에 담아냈더니 고객들의 반응이 폭발적이었고, 예쁘다며 달라고 요청하는 고객이 많았다. 어차피 고객이 요구해서 주느니 차라리 기분 좋게 주자는 생각에 디저트를 낼 때 함께 내는 초화분은 고객들에게 선물로 제공하고 있으며, 이는 정성담의 상징으로 자리매김했다.

6) 남이 하지 않는 마케팅을 하자

아는 만큼 보이고 보이는 만큼 느낀다는 말이 있다. 즉 남이랑 똑같이 하면 남 이상 되지 못한다는 말이다. 꾸준히 안목을 키우기 위해 책이나 건축박람회, 인테리어박람회, 리빙박람회, 푸드박람회 등 다양한 박람회를 다니고 있다. 이를 통해 어떤 영감이 떠오르면 직원들 5~6명이 함께 모여 아이디어를 모으는 등 트렌드에 앞서고자 노력하며, 참신한 아이디어는 다양한 마케팅에 적극적으로 녹여 내고 있다.

음식이 맛, 서비스만 좋다고 성공하는 것이 아니라 전략이 있어야 성공의 가능성이 높아지는 시대이므로 정성담은 다양한 마케팅을 통해 브랜드 이미지를 제고하고 있다.

대표적은 것이 봄철에 진행하고 있는 '다육이 화분 마케팅'이다. 다양하고 특이한 화분에 다육식물을 심어 선물하거나, 초화분전을 열어 고객들에게 힐링을 선사하고 있다. 여름은 시원한 냉면의 계절이므로 이를 역 이용해 찜요리를 주문하면 냉면을 서비스로 제공하는 식이다.

또 겨울에는 12월 1일부터 한 달간 산타복장을 한 직원들이 고객들과 함께 주사위 게임을 해 수면양말, 무릎담요, 와인, 상품권 등 다양한 선물을 주는 이벤트를 펼치고 있다. 이때 매장별로 한 달 기준 이벤트에 드는 비용은 약 700만원 정도가 지출되고 있지만, 평소 정성담을 이용해 준 고객들에게 보답하는 차원에서 매년 실시하고 있다. 이 밖에도 다양한 타임 이벤트 등 마케팅을 진행하고 있다.

7) 각 지역의 대표 특산물로 차려낸 자연밥상

소비자들의 건강과 웰빙, 안전과 안심에 대한 관심이 지속적으로 높아지면서 국내산 식재료에 대한 니즈가 높아지고 있는 가운데 정성담은 각 매장에서 사용하고 있는 주요 식재의 대부분을 국내산으로 사용해 고객들의 기대에 부응하고 있다.

샐러드 드레싱 하나도 거제도산 유자만을 사용하고 있으며, 완도산 전복, 거제도산 치자, 함양 자색고구마, 통영 쑥 등 제철에 나는 각 지역의 유명 식재료로 정성과 신뢰를 담은 밥상을 추구해 고객들로부터 큰 호응을 얻고 있다.

철저한 주방관리도 눈여겨볼 부분이다. 주방에서 사용하는 기물은 될 수 있으면 스테인리스 소재로 선택하고 있으며, 바닥은 항상 물기가 없도록 닦고 있다. 또 오후 3시와 새벽 3시는 전 업장의 행주를 삶은 시간으로 정해 매일 실시하는 등 위생관리도 철저하다.

벤치마킹 포인트

① 유아용 코너 별도 운영 : 어린이들과 함께 방문하는 고객들을 위해 어린이용 의자와 턱받이, 배변용기 등 용품들과 영유아 고객들을 위해 전자레인지를 갖춰놓고 우유 또는 이유식을 데워 먹일 수

있도록 하는 섬세한 서비스를 펼치고 있다.

② 특허청에 서비스 등록된 메뉴 : 정성담은 특허청에 서비스등록을 할 정도로 독특한 메뉴가 있다. 쫄깃한 면발에 매콤달콤한 코다리 무침과 찹쌀, 신선한 채소로 속을 채운 오징어 순대가 고명으로 올라간 '오·코냉면' 이다. 이 밖에도 2011년 안양시 맛자랑 경연대회에서 대상을 수상한 매운해물갈비찜을 비롯해 매생이 갈비탕 등 다양한 히트메뉴를 보유하고 있다.

③ 커피가루, 우거지 등 무상 제공 : 커피전문점에서 커피를 내리고 나오는 커피 찌꺼기는 따로 모아 일회용 플라스틱 컵에 담아 고객들이 방향제 또는 탈취제로 사용할 수 있도록 제공하고 있다. 또한 배추김치를 담그고 나오는 우거지도 매장 입구에 담아놓고 필요한 만큼 가져갈 수 있도록 했다.

④ 식전에 웰컴 다시 제공해 고객만족 극대화 : 명가원 설농탕은 모든 고객에게 주문한 음식이 나오기 전에 한입에 먹기 좋도록 자른 백설기를 제공하고 있다. 또한 찜요리 등을 주문한 고객에게는 서양식 레스토랑에서 정찬을 주문하면 식전 빵과 샐러드를 제공하듯이

떡과 샐러드를 함께 제공해 고객들로 하여금 제대로 대접받는다는 기분을 들도록 하고 있다.

⑤ 지역사회에 이익을 환원하고 봉사 : 정성담은 매년 어버이날에 는 지역에 있는 65세 이상 노인들에게 무료로 설렁탕을 제공하고 있 으며, 지역사회에서 펼치는 각종 행사에도 적극적으로 참여하고 있 다.

⑥ 취미로 모은 앤틱 소품으로 여성고객 홀릭 : 10년 전부터 수집 한 앤틱 소품들을 전시해 커피전문점의 인테리어에 활용하고 있다. 수집하고 있는 아이템은 주로 커피와 관련된 소품들과 원예와 관련 한 소품, 다리미, 선풍기, 전화기, 시계 등이며 현재는 커피전문점 194°F에 작은 전시관을 꾸며놓았다.

3. 쌈과 설렁탕의 조화 〈쌈 도둑〉

외식업이 산업화되면서 프랜차이즈 외식기업들의 성장이 눈부시 다. 그러나 국민들의 입맛을 사로잡는 외식의 명소는 다름 아닌 노하우를 갖고 꾸준히 연구하고 노력하는 개인 식당들이다.

옛말에 도둑놈 심보란 말이 있다. 큰 노력을 기울이지 않고 원하는 바를 성취하고자 하는 사람의 마음보를 빗대어 하는 말이다. 그런데 경기도 안양시 경인교대 인근에 위치한 한 식당은 업소명을 대놓고 〈쌈도둑〉이라 했다. 물론 똑같은 의미는 아니다. '밥도둑 간장게장' 이라는 말처럼 '밥도둑 쌈' 이라는 의미다. 맛있는 쌈이 가득한 싱싱 웰빙 쌈밥전문점을 지향하는 쌈도둑은 오픈한지 6년 남짓한 곳으로 성공업소의 대열에 리스트를 올리고 있다. 하루종일 130여 석의 좌석에 고객이 끊이지 않는 것은 물론 주말 최고 160여 명의 대기고객이 웨이팅을 할 정도로 문을 열자마자 밀려드는 고객들로 몸살을 앓을 만큼 폭발적인 사랑을 받고 있다.

〈표5〉 업소정보

브랜드	쌈도둑	우리설렁탕	카페비비추
개업일	2008년 8월 10일(재오픈 2011년 10월 16일)	1995년 7월 7일	2011년 12월 1일
점포수	1개	1개	2개
주요 메뉴	정겨운상차림 1만3000원, 즐거운상차림 2만 원, 행복한상차림 3만 원	보통 설렁탕 8000원, 쌈 설렁탕 1만1000원, 쌈 설렁탕정식 1만3000원, 도가니탕	아메리카노 3000원, 카페라떼 3500원, 대추차 4500원, 더치커피 5500원

		1만5000원	
객단가	1만6000원	9500원	3800원
회전율	주중 4회전, 주말 9회전	13회전	2회전
주소	경기도 안양시 만안구 석수동 54	서울시 관악구 서림동 107-106	경기도 안양시 만안구 석수동 54 1층, 서울시 관악구 서림동 107-106
전화	031-471-7676	02-886-9317	
영업 시간	11:30~22:00	24시간	10:30~22:00
정기 휴일	연중무휴	연중무휴	연중무휴
규모	134석	112석	80석

자료 : 육주희, "월간식당", (2014. 1.), 112-113.

1) 고객의 소리 경청해 '쌈'에 주목하다

〈쌈도둑〉의 성공에 대해서 논하기 전에 〈우리설렁탕〉에 대한 이 야기를 빼놓을 수 없다. 쌈도둑을 운영하고 있는 이곳 대표는 서울 관악구 신림동에서 20여년 가까이 설렁탕전문점 우리설렁탕을 운영 하고 있다. 부침 많은 외식업계에서 흔하디흔한 설렁탕으로 20여년 세월을 장수하며 신림동 터줏대감이자 고객들에게 사랑받는 업소로 자리매김한 데에는 고객의 소리를 귀담아 들으며 항상 새로운 트렌드를 주도한 데 있다.

우리설렁탕에는 다른 설렁탕전문점에서는 볼 수 없는 푸짐한 쌈 채소가 제공돼 잠시 쌈밥전문점인가 착각이 들기도 한다. 바로 '쌈 설렁탕' 이라는 메뉴 때문이다. 남들과 다른 차별화된 나만의 무엇인가를 찾기 위해 고심하다가 최근 몇 년간 꾸준히 웰빙, 건강식에 대한 요구가 커지면서 '채소를 많이 먹고 싶다' 는 고객들의 니즈를 반영해 한국인들이 가장 좋아하는 채소 섭취방법인 '쌈' 을 설렁탕과 접목한 것이다. 설렁탕에 들어가는 수육고기 또는 도가니를 싸먹을 수 있도록 다양한 쌈 채소를 큰 바구니에 한가득 담아내고 여기에 해바라기씨, 땅콩, 호박씨 등 견과류를 듬뿍 넣어 나트륨도 줄이고 건강도 챙긴 쌈장을 곁들여 '설렁탕 정식' 을 출시한 것이 설렁탕과 쌈의 신선한 조합이 차별화를 이루면서 또 하나의 히트 메뉴가 탄생한 것이다.

쌈 설렁탕의 성공으로 쌈에 대한 매력을 느끼고는 본격적으로 쌈을 전문으로 하는 식당 구상에 들어갔다. 점포 자리를 물색한 이후 본격적으로 쌈도둑을 준비하면서 우리설렁탕에 쌈전문점을 오픈할 것이라는 대형 현수막을 제작해 걸었다. 그러자 고객들은 설렁탕전문점인데도 쌈을 이렇게 푸짐하고 다양하게 주는데 쌈도둑은 도대체 얼마나 다양한 쌈 종류가 있을까 궁금해 하기 시작했다.

실제로 안양에 쌈도둑을 오픈 하자 인근 고객들이 오는 것이 아니라 신림동 우리설렁탕 고객이 안양으로 넘어왔다. 그동안 쌈도둑의 정체에 대해 궁금해 하던 고객들이 대거 안양으로 넘어온 것이다. 설렁탕집 고객이 쌈도둑으로 쏠렸지만 여전히 우리설렁탕의 매출은 평상시 수준을 유지하고 있다. 이는 고객이 이탈한 것이 아니라 그만큼 고정 고객화 된 것이다.

2) 모두 보여주지 말고 히든카드 준비

쌈도둑이 오픈하자마자 대박을 터트린 성공 포인트는 신선하고 건강한 쌈 채소를 푸짐하게 제공해 건강과 맛, 그리고 서민들의 주머니 사정까지 배려한데 있다. 여기에 고객 참여형 가격 정책과 궁금증을 유발시키는 홍보 전략도 주효했다.

초창기 쌈도둑의 메뉴판에는 제육, 불고기, 보쌈, 고등어구이가 있었다. 그러나 고등어구이는 한동안 고객에게 제공되지 않았다. 처음 매장을 오픈할 당시에 주방과 서버, 메뉴 등 모든 것이 완벽하게 세팅될 수는 없기 때문에 무리해서 많은 메뉴를 선보이기보다는 준비된 메뉴부터 선보이자는 전략이었다. 이후 고등어구이를 고객들에게 선보였을 때 고객들의 반응은 '과연 명품이다' 라는 찬사로 이어졌다.

이곳 대표는 업소의 대표 메뉴가 정해졌다고 해도 처음부터 모두 나가지 말고 3가지 정도만 선보이고 나머지 메뉴는 출시 임박을 알리며 숨겨놓으라고 조언한다. 이후 업소가 안정화되고 고객들이 새로운 뭔가를 필요로 할 때 하나씩 꺼내놓는 것이다.

히든카드에도 전략이 있다. 단순히 메뉴판에 올려놓았다가 시기를 늦춰 신메뉴로 출시하는 것이 아니다. 신메뉴가 나올 때는 최고의 식재료로 확실하게 선보인다.

고객들이 고등어구이를 찾을 때에 "명품 고등어를 찾아서 맛있게 올리겠습니다" 라는 말이 허언이 되지 않도록 전국 방방곡곡을 누비며 고등어를 발굴해 상에 올린다.

가장 중요하게 고려한 것이 365일 동일한 고품질의 고등어를 납품할 수 있느냐는 것이다. 결국 제주도에서 가장 큰 재래시장을 찾아가 일일이 생선가게 주인들의 얼굴을 직접 보고, 얘기를 나눈 후 주인이 반듯한 성정인지 확신이 서자 거래를 시작했다. 그렇게 발품을 팔아 선택한 파트너는 간고등어 구이의 맛을 좌우하는 소금만은 직접 친다는 후덕하지만 강단있는 사장이었다. 실제로 처음 납품했을 때부터 지금까지 그 맛이 변하지 않고 그대로라고 한다.

외식업 경영주는 음식과 업소에 혼을 담는 것이 가장 중요하다. 음식은 혼을 담은 진정성이 있어야 하고, 그 진정성은 고객과의 신뢰이며, 신뢰를 깨뜨리지 않는 최선의 방법은 좋은 식재료를 사용하는 것이다.

또 하나는 고객 참여형 마케팅이다. 식당은 고객과 경영주가 함께 즐기는 쇼다. 쌈도둑은 오픈한 후 5일간 메뉴 가격을 정하지 않고 영업하는 대신 고객들에게 설문지를 돌려 주문한 메뉴의 가격을 스스로 책정하게 해 음식 값을 받았다. 최근 고객들의 외식소비 성향이 가격대비 가치를 추구하는 합리적인 소비를 지향하기 때문에 업소가 제공하는 메뉴 가격이 고객들이 생각하는 가격과 맞아야 한다는 생각에 이런 이벤트를 펼쳤다. 고객들의 다양한 반응을 통해 쌈도둑은 메뉴 가격을 합리적으로 책정함과 동시에 이곳을 방문한 많은 사람들에게 독특한 경험과 재미를 제공, 두고두고 기억에 남는 스토리를 만들었다.

3) 쌈도둑 화재로 전소, 심기일전 재도약

쌈도둑이 승승장구하며 영업에 활력이 붙은 2011년 봄날, 쌈도둑이 누전으로 인해 전소되고 말았다. 야간에 불이 나서 인명피해가 없었던 것이 천만다행이었던 셈이다.

오래 넋 놓고 있을 새도 없이 대표는 평소의 성격처럼 툭툭 털고 새로운 구상을 펼치기 시작했다. 수습부터 하고, 사고 조사가 끝난 후 바로 새로운 쌈도둑을 디자인하기 시작했다. 새로운 쌈도둑을 설계하면서 가장 중점을 둔 것은 그동안 운영하면서 느꼈던 단점을 모두 버리고 장점은 살리는 작업이었다.

먼저 좌식형태를 종업원들이 음식을 서빙하기 편하도록 입식으로 바꿨다. 그러면서도 어린 아이들을 동반한 가족고객을 배려해 곳곳에 평상 의자를 배치했다.

테이블은 일률적인 4인 테이블이 아니라 2인, 4인, 6인 등 고객의 동반인원수에 따라 좌석을 합리적으로 배치할 수 있도록 했고, 쌈이라는 메뉴 특성과 다양한 토속 반찬들이 한상 나가는 점을 고려해 크기를 다소 크게 주문제작 했다.

동선도 널찍하게 해 고객들이 식사를 하는데 불편함이 없도록 했고, 식사공간과 대기기간을 분리해 2층 식사고객들이 편안하게 식사할 수 있는 분위기를 만들었다.

또 쌈이 주가 되는 콘셉트이므로 고객들이 물수건보다는 손을 세정하고 식사를 할 수 있도록 세면대를 업소 가운데 마련해 놓아 일단 들어오면 손부터 닦도록 유도했다. 이렇게 만반의 준비를 한 후 8개월만에 쌈도둑이 재 오픈 하던 날, 우려와는 달리 고객들이 속속 밀려들기 시작했다. 하나같이 불이 왜 났는지 궁금해 하며 다시 오픈하기를 고대했다는 반응에 뿌듯함이 밀려왔다.

4) 한국인의 정을 느낄 수 있는 푸짐한 셀프 바

새로 쌈도둑을 오픈하면서 가장 심혈을 기울인 것이 셀프 바다. 셀프 바는 쌈 채소뿐만 아니라 고객들이 먹을 만큼 자유롭게 반찬, 국 등을 가져다 먹을 수 있게 하는 반면, 종업원들의 일손을 덜게 하자는 두 가지 측면을 고려해 설치했다. 결과는 기대 이상으로 반응이 좋아 성공적인 시도로 평가하고 있다.

고객들은 셀프 바에서 본인의 입맛에 맞는 반찬을 항상 더 덜어다 먹을 수 있으므로 오히려 욕심내지 않고 먹을 만큼만 덜어다 먹게 돼 셀프 바를 운영하기 이전보다 잔반이 눈에 띄게 줄어들었다. 종업원들도 밀려드는 고객들 때문에 제대로 서비스를 해주고 싶지만 여력이 없어 제때 응대를 하기 어려웠던 문제가 해결돼 모두가 행복한 선택이었다.

쌈도둑의 셀프 바는 여느 업소의 반찬 리필과는 차원이 다르다.

쌈 채소도 종류별로 푸짐하게 갖춰 놓고, 다양한 쌈장은 물론 반찬 종류도 항상 즉석에서 만들어 넉넉히 채워 놓는다.

여기에 24절기에 따라 고객에게 주는 특별서비스는 덤이다. 동짓날에는 팥죽을 쑤어 고객들에게 대접할 정도로 정성 또한 대단하다.

5) 작은 차이가 명품을 만든다

가격은 저렴하면서도 건강에 좋은 음식을 찾는 것이 요즘 고객들의 외식 트렌드라고는 하지만 단골고객들은 이구동성으로 이렇게 퍼줘도 되냐고 오히려 걱정할 정도다. 이렇게 퍼주고도 흑자영업을 할 수 있는 데에는 이곳 대표의 구매 노하우가 숨겨져 있다.

먼저 업소에서 연중 가장 많이 쓰는 식재료는 제철에 가장 흔할 때 대량 구매해 저장해 두었다가 사용하는 것이다. 때문에 봄철과 가을철에는 연중 사용할 식재료를 사입하고 저장하기 위해 손질하느라 일손이 바쁘다. 이렇게 손질한 재료들은 용도에 따라 저온 저장 창고 또는 삶아서 냉동시키거나 염장 등 다양한 방법으로 보관해 뒀다가 사용한다.

식재료비를 연간 안정적으로 유지하면서 고객에게는 계절따라 다양한 고품질의 음식을 내놓고 있다. 여기에서 공개하는 또 하나의 노하우가 있다. '작은 차이가 명품을 만든다'는 것이다. 예를 들어 된장국의 끓일 때 삶아서 냉동해 뒀던 우거지와 시래기뿐만 아니라 계절따라 다양한 산나물을 서너 가지 섞어서 끓여내는데 고객들의 반응이 매우 좋다고. 샐러드도 마찬가지다. 마와 우엉, 순무 등 뿌리채소를 함께 섞어 드레싱에 버무려 내놓으면 만들기도 쉽고, 독특한 식감과 각각의 맛을 느낄 수 있어 고객들의 반응이 좋다.

6) 비쌀 때 오히려 과감하게 퍼준다

쌈도둑은 여름철 오랜 장마로 인해 쌈채소 가격이 천정부지로 올라 고깃집에서 조차 손님상에 내기가 부담스러울 때 오히려 더욱 푸짐하게 제공한다.

예를 들어 장마나 폭우 등 기후에 따라 상추가격이 천정부지로 올라 가정에서도 못 사먹을 때 과감히 투자해 고객들에게 제공하는 것이다.

쌈채소는 유기농재배단지와 직거래를 통해 확보하고 있다. 실제로 가격이 폭등하는 기간이 그렇게 오랫동안 지속되지는 않으므로 비싼 광고 낸다는 생각으로 고객들에게 과감히 투자를 한다. 이렇게 해보니 실제로 고객들에게 신뢰도가 높게 형성돼 광고에 투자하는 이상의 효과를 보고 있다.

　이는 모두 과거의 경험에서 비롯됐다. 지금도 신림동 맛집으로 유명한 20년 전통의 우리설렁탕에서 있었던 일이다. 몇 년 전 도가니가 천정부지로 올라갈 때 기존의 정량을 제공하면 도저히 원가를 맞출 수가 없어서 파는 만큼 손해를 보고 있었다. 그러던 어느 날 주방에 들어가니 도가니탕 그릇에 도가니가 담겨져 쌓여있었다. 그런데 자신도 모르게 빈 그릇을 가져와 탕 그릇에 담긴 도가니를 한두 점씩 빼서 새로운 그릇에 담아 그릇 수를 늘리고 있는 자신을 발견했다. 그렇게 작업을 마친 후 주방을 나와 홀로 나오는데 도저히 뒤통수가 화끈거리고 부끄러워서 견딜 수 없었다. 다시 주방으로 들어가 주방식구들에게 "오늘 내가 한 행동은 너무나 잘못된 것이다. 다시 원래대로 정량으로 담아서 작업 해줬으면 좋겠다"고 사과를 하고 나왔다. 이 사건으로 인해 식재료가 상승할 때는 절대로 원가 관리를 하지 않는다. 오히려 더 많이 퍼준다. 양심에 거리낌이 없으니 오히려 당당하고 어깨에 힘이 들어간다.

7) 최고의 식재로 명품 음식을 만들다.

　새로운 일을 추진함에 있어서 잘 모를 때에는 최고로 하라. 이것이 대표가 지향하는 바다. 카페를 시작하려고 할 때 가장 중요한 것이 커피의 맛인데 커피에 대해서는 지식이 전무했던 것. 잘 모를 때는 가장 좋은 것을 사용한다는 원칙에 따라 커피업계에서 이름이 알려진 '김대기 커피'에서 로스팅한 원두를 가져와 커피를 뽑았다. 커피 맛에 대해 고객이 컴플레인 할 경우, 적어도 우리는 최고 품질의 로스팅 원두를 사용한다는 자부심이 있기 때문에 당당할 수 있다. 현재는 로스팅 기계를 들여와 일주일에 두 번 로스팅 전문가가 방문해 생두를 볶아 사용하고 있다.

이는 음식이나 기타 메뉴에 대해서도 마찬가지다. 비비추의 스타 메뉴인 대추차는 일명 '보약'으로도 유명하다. 여느 차 전문점에서는 절대 볼 수 없는 진한 과육이 그대로 녹아 있어 한 잔 마시면 포만감과 함께 건강까지 챙기는 느낌이다. 이 대추차도 그냥 탄생한 게 아니다. 수없이 많은 업소를 벤치마킹 다니고 배우러 다니다 우연히 맛본 대추차에 매료돼 직접 찾아가 배웠고, 이후 더 많은 연구를 해 이젠 타의 추종을 불허하는 명품 대추차로 자리매김했다.

이런 사례는 끝도 없다. 김치 담그는 법을 배웠다면 이를 바탕으로 업소용 대용량 김치 담그는 법을 연구하고, 장아찌 담그는 법, 장 담그는 법 등 직접 찾아다니며 배우고 익히고 발전시키는 것이다. 최근에는 우리 전통음식의 근간이 되는 장 담그는 법을 처음부터 새롭게 배우기 위해 멀리 통영에 있는 산사에까지 찾아가 배우고 돌아왔다. 8시간동안 장작불을 때 콩물이 넘치지 않도록 불을 조절해 가면서 밤새 콩을 삶는 과정부터 삶은 콩을 찧어 메주를 만드는 전 과정을 3일간에 걸쳐 하고 돌아온 것. 그동안에도 장은 담갔었지만 전통방식으로 만들어보면서 전통 장에 대한 인식과 마음가짐이 새로워짐을 느끼게 됐다고 말한다.

벤치마킹 포인트

① 아낌없이 푸짐하게 퍼줘라 : 싸고, 푸짐하고, 맛있게! 최근 고객들의 니즈를 대변하는 키워드다. 쌈도둑에서는 이러한 고객들의 니즈를 셀프바로 100% 수용하고 있다. 셀프 바에는 쌈 채소류뿐만 아니라 반찬류, 국, 특별 메뉴까지 푸짐하게 갖춰져 있어 무한정 마음껏 갖다 먹을 수 있다. 단, 음식을 남기는 고객에게는 2000원의 패널티를 적용하는데, 벌금은 모두 모아 100% 불우이웃돕기에 기부하고 있다.

② 비쌀 때 과감하게 제공하라 : 식재의 수급 불균형 또는 이상 기후로 채소류의 등락폭이 널을 뛸 때가 많다. 가정에서도 쉽게 사먹을 수도 없을 때가 종종 있다. 특히 쌈 채소는 여름철이면 가격이 폭등하는 품목. 한 때 국민 외식메뉴 삼겹살 가격보다 상추 값이 더

높아 삼겹살에 상추를 싸먹어야 한다는 농담이 돌 때 쌈도둑은 오히려 채소를 더 많이 쌓아 놨다. 고객들이 놀라는 것은 당연지사. 식재 원가율이 높아지지만 비싼 홍보를 한다는 생각으로 과감하게 투자를 한다.

③ 명품을 만들어라 : 명품 고등어, 명품 오리 훈제, 명품 커피, 명품 대추차 등 고객들의 기대에 부응하는 명품 스토리텔링 마케팅을 통해 선보인 메뉴들은 말 뿐만이 아니라 명품으로서의 가치를 제대로 하며 매출에도 기여하고 있다. 이런 명품은 모두 발품 팔며 식재료를 찾고, 더 가치있는 상품을 제공하기 위해 배우고 발전시킨 결과물이다.

④ 사명감이 차별화를 만든다 : 지난 2010년에는 우리설렁탕에서 대국민 우리 쌀 소비 촉진 프로젝트 '농촌사랑 쌀사랑 3.1운동' 을 추진했다. 농촌이 바로서야 국민이 건강도 지킨다는 취지로 외식업체들을 모아 쌀소비 운동을 펼쳤다. 이를 통해 우리설렁탕은 또 하나의 명품을 탄생시켰다. 설렁탕에 들어가는 사리를 밀가루 국수가 아닌 쌀국수로 대체한 것. 건강에도 좋고 소화도 잘돼 고객들의 반응이 매우 좋아 우리설렁탕의 차별화 요소로 자리매김했다.

⑤ 문화가 있는 외식공간을 만들어라 : '웰빙', '힐링' 콘셉트의 인테리어로 고객에게 쾌적한 식사공간을 제공하는 것은 물론 야생화 전시장에서는 자연의 아름다움을 느낄 수 있다. 또 고객들이 담소를 나누거나 쉴 수 있도록 카페를 마련해 직접 로스팅 한 커피와 음료를 제공하고 있다. 말 그대로 먹고, 보고, 마시고 소통할 수 있는 외식문화공간이다.

4. 갈비 고장 수원 대한민국 최대 갈비 〈가보정〉

우리나라를 대표하는 음식 가운데 하나인 갈비구이는 수원갈비, 포천의 이동갈비, 부산의 해운대갈비, 서울의 마포갈비 등 각 지역별로 특색에 맞게 발전을 거듭하며 그 맛을 지켜왔다. 수원갈비는 수원의 대표적인 먹을거리이자 우리나라 갈비의 원조이기도 하다. 갈비의 고장답게 수원에는 유명한 갈비집들이 많다. 수원을 대표하는 갈비전문점 중 하나인 〈가보정(生浦高)〉은 이름처럼 아름답고 큰 집이다. 지난 2012년 국세청에 신고한 매출액이 250억원에 이를 정도로 매출 면에서도 웬만한 중소기업보다 큰 것은 물론, 규모면에서도 1500석이 넘는 국내 최대를 자랑한다.

수원의 대표 맛집으로 명성을 떨치고 있는 가보정(生有事). 1992년에 50평 규모의 16개 테이블로 시작해 현재 5층짜리 건물 세 채가 큰 길을 사이에 두고 삼각편대를 이루며 우뚝 서있어 마치 갈비타운에 들어선 듯하다. 총 좌석수는 1500석 규모지만 1관, 2관, 3관을 운영하고 있는 국내 최대 규모의 갈비전문점으로 주말이나 가족의 달, 연말에는 대기고객들이 넘쳐난다.

성공식당의 기본요건이 맛, 서비스, 분위기에 합리적인 가격이라고 한다면 가보정은 갈비는 물론 정갈하고 깔끔한 밑반찬으로 고객들의 입맛을 잡았고, 숙련된 종업원들의 서비스와 쾌적한 환경에 푸짐한 정을 더해 명성을 드높이고 있다. 이로 인해 가보정은 오픈 이래 한 번도 매출 하락 없이 상승곡선을 이루며 갈비로 유명한 수원에서도 독보적인 지위를 차지하고 있다.

1) 여심을 꿰뚫어라

여성고객이 70% 정도를 차지하는 가보정은 여심을 꿰뚫는 장치가 곳곳에 숨겨져 있다.

가장 매력적인 것은 한정식집 못지않게 다양한 반찬임은 두말할 나위 없다. 평소 집에서 하기 힘든 반찬 위주로 만든 지 한 시간 이내의 반찬만 제공해 맛깔스러운 반찬을 먹기 위해 들르는 고객도 많다. 특히 즉석에서 버무려 내는 양념게장은 여성고객들이 가장 좋아하는 반찬으로 가보정 갈비와 함께 빼놓을 수 없는 상징이다.

물도 한식집에서는 드물게 생수를 제공하고 있다. 지난해부터 제공하고 있는 생수는 이곳 대표가 자신이 타 외식업소에 갔을 때 꺼림칙하게 생각했던 부분을 개선한 것으로 큰 호응을 얻고 있다.

쾌적한 환경과 서비스도 여심을 사로잡는 요소다. 가보정 갈비를 오픈한 이후 본관은 7년 동안 매년 공사를 할 정도로 고객들의 식사 공간에 대한 환경개선에 힘써 왔다. 로스터도 전 매 장에 타 제품에 비해 월등히 가격이 비싼 하향식 신포 로스터기를 설치했다. 연기를 아래로 빼내 주기 때문에 쾌적하고, 테이블 위로 연통이 없어 대화하기에도 좋아 경제적 부담이 되기는 했지만 고객이 편해야 한다는 생각에 과감히 투자했다. 이로 인해 고객들은 편안하게 회갑, 칠순잔치, 생일잔치 등 가족의 통과의례와 각종 모임들을 가보정과 함께하고 있다. 30인 이상 예약을 하면 샴페인, 케이크 등 축하선물도 제공한다.

각종 모임의 경우 다른 곳에서 할 때보다 가보정에서 모임을 하면 참석율이 높다고 한다. 가보정에서 모임을 할 때 빠지면 왠지 손해를 보는 듯한 느낌이 든다고.

요즘 고객들은 영악할 만큼 똑똑해서 가격, 맛, 서비스, 환경 등 모든 것이 흡족해야 만족해 한다는 〈가보정〉은 '고객이 행복해하는 공간'을 만드는 것이 궁극적인 목표다. 이제 어느 정도는 이룬 것 같지만 아직도 진행 중이다.

2) 주인이 노하우를 가져야 성공

1992년 처음 가보정 갈비를 운영할 당시에는 50평 규모에 테이블이 고작 16개에 불과했다. 또 임대를 해서 영업을 하다 보니 마음대로 시설을 고칠 수도 없었던 상황이었다. 사실 처음부터 영업이 잘 되었던 것도 아니다. 거의 1년 동안은 영업 손실을 보거나 적자를 면하면서 근근이 유지한 정도였다. 영업도 힘들었지만 더욱 큰 가슴앓이는 주방실장과 찬모의 고집이었다.

이곳 대표는 이때 마음을 먹게 된다. 내 식당에서 제공하는 음식은 내가 할 줄 알아야 한다고. 이때부터 설거지를 도와준다거나 나물 다듬는 것을 도와준다는 핑계로 주방에 드나들며 어깨너머로 갈비소스 만드는 법과 대용량 식당반찬 조리법 등을 눈대중으로 익혔다. 이렇게 확립한 레시피는 이후 가보정 갈비 맛의 흔들리지 않는 기본 토대가 되었고, 현재도 모든 반찬의 레시피는 대표가 직접 개발해 주방에 전수하며, 고객들의 입맛과 트렌드에 따라 조금씩 변화를 주고 있다.

모든 업장이 점장을 중심으로 잘 운영되고 있음에도 불구하고, 매일 반찬 맛 체크를 거르지 않는 습관이 몸에 배어 있다.

3) 반찬이 맛있는 집으로 정평

가보정은 '반찬이 맛있는 집'으로 유명하다. 고깃집에서 웬 반찬 타령이냐고 할 수도 있지만 고기도 맛있고 반찬까지 맛있다면 금상첨화 아닌가.

양념게장, 단호박전, 가오리찜, 잡채, 각종 나물과 샐러드 등 가보정의 곁들이 반찬은 여느 한정식 못지않게 다채로운 가짓수와 정갈한 맛으로 유명하다. 반찬으로 제공하는 음식도 메인 요리라 생각하고 시간과 정성을 쏟는 것은 물론 우수한 식재료 공수에 주력하고 있다.

이렇게 반찬에 주력하는 이유는 가보정을 찾아오는 고객에게 보답하는 길은 맛있는 음식을 대접하는 길뿐이기 때문이다. 제철에 나는 좋은 식재료로 한 가지라도 더 맛있는 찬을 만들어 내기 위해 가보정은 갈비를 현금으로 대량 구매해 구매단가를 낮추고, 이렇게 절감한 비용으로 반찬의 품질을 높여 고객들로부터 고기도 맛있지만 반찬도 맛있는 곳으로 통하고 있다.

가보정의 인기 반찬 순위에 빠지지 않고 오르는 것은 양념게장과 과일샐러드, 단호박전이다. 이 가운데 양념게장은 고객들의 인기 1순위로 고객이 원하면 얼마든지 리필 해준다. 양념게장의 경우 특히 단가가 높아 몇 번씩 리필을 하면 이윤이 줄어든다고 생각할 수 있지만 고객들에게 퍼줘도 이윤은 남는다. 고객들에게 신뢰를 얻을 수 있기 때문에 돈으로 환산할 수 없는 이윤을 거두고 있는 것이다.

4) 규모가 경쟁력이다

가보정은 총 3개의 건물에 1500석의 좌석과 400여 대를 수용할 수 있는 주차시설을 갖추고 있다. 입식 테이블석은 물론 가족들이 좋아하는 좌식, 65개에 달하는 룸, 250여 명을 수용할 수 있는 대형 컨벤션 룸 등 고객 니즈에 따른 다양한 공간을 갖추고 있으며, 주중에는 2500~3000명, 주말에는 최고 5000명까지 방문한다니 그 규모에 입이 벌어진다. 지난 20여 년간 매일 공사하다시피 업장을 늘려와 일군 결과다. 최근에는 1관 1층에 〈더 코피(The KoHee)〉라는 카페를 열어 고객들에게 편안한 쉼터를 제공하고 있다. 가보정은 연간 물 값만 1억여 원을 지출한다. 외식업소에 가면 가장 먼저 고객에게 물을 제공하는데, 가보정은 생수를 제공하고 있다. 특히 생수통에는 가보정의 BI가 생수브랜드와 함께 새겨있어 놀라움을 자아낸다. 워낙 생수 사용량이 많아 생수업체에서 브랜드까지 새겨서 납품하고 있는 것이다.

일단 규모를 갖추면 시스템을 갖출 수 있고, 매뉴얼에 따라 업무가 진행돼 일이 한결 수월해진다는 것은 어느 정도 예상할 수 있는 시나리오다.

5) 고비는 노력으로 극복하라

승승장구하던 가보정도 어쩔 수 없이 몇 번의 위기에 직면한 때가 있다. 바로 1997년 IMF(외환위기)와 2003년 12월에 발생한 광우병 파동이었다.

당시 가보정은 런치메뉴가 따로 없이 점심과 저녁을 똑같은 메뉴로 운영했는데 외환위기가 터지자 갑자기 매출이 절반 이하로 추락하기 시작한 것이다. 이때 고심 끝에 런치메뉴를 개발했다.

당시 갈비 두 대 1인분 가격이 1만8000원이었는데, 1만원에 갈비한 대와 된장찌개, 식사를 제공하는 런치메뉴를 선보인 것이다. 결과는 한마디로 대박이었다. 비싼 가격 때문에 문턱이 높아 평소 오지 않았던 고객들까지 몰려들기 시작했다. 이때 오히려 더욱 반찬에 신경을 써서 고객들이 흡족할 만큼 퍼주었고, 가보정의 갈비맛과 음식에 길들여진 고객들이 이후에도 충성고객이 되어 가보정을 든든하게 받쳐주고 있다. 런치메뉴는 런치정식으로 자리매김해 점심고객을 유치하는 일등공신이다.

광우병 때도 마찬가지였다. 이때에도 매출 하락을 돌파하기 위해 돌솥밥 기계를 들여놓고 2000매의 무료쿠폰을 찍어서 직접 돌렸다. '퍼줄 때는 아낌없이 줘야 한다'는 생각에 한 테이블에 몇 명씩 와도 시식권의 사용매수에 제한을 두지 않고 공짜로 돌솥밥을 제공했다. 다행히 3개월 만에 매출은 원상 복귀됐고, 결과적으로 두 번의 고비 때마다 연매출은 오히려 상승했다.

외환위기와 광우병이라는 두 번의 큰 위기를 겪으면서 오히려 자신감이 붙었다. 기본과 원칙을 지키며 열정을 다해 노력하면 극복할 방안은 충분히 있기 때문이다. 이후 2008년 촛불시위로 촉발된 거대한 광우병 파동으로 고깃집들의 매출이 추락할 때도 쇠고기의 원산지를 한우, 호주산, 미국산으로 철저히 구분해 판매하고 있는 가보정은 전혀 영향을 느끼지 못했다고 말한다.

6) 직원들의 마음을 움직여라

외식업계의 최대 난제인 인력난도 가보정은 비켜가고 있다. 현재 190여명의 정직원과 10여명의 시간제 근로자가 근무하고 있는 이곳은 10년 넘은 장기 근속자가 40여명에 달하며, 5년 이상 장기근속자도 수두룩하다.

이직이 많은 외식업 특성에도 불구하고 장기근속이 많았던 요인은 다른 업소보다 보수를 많이 주기 때문이다. 홀서빙의 경우 신입 초임이 210만원부터 시작 해 보너스 100%(설, 추석 각 50%)를 지급하며, 월차 1번을 주되 연차를 사용하지 않았을 경우 돈으로 환산해서 지급하고 있다. 또 성과급 제도를 시행해 목표 매출 달성 시 이익을 나누고, 직원이 고객들에게 좋은 평가를 받을 때마다 5000원의 고객서비스(CS) 쿠폰을 한 장씩 발급해 적립해 두었다가 포상하고 있다. 대부분의 외식업소에서 직원을 가족처럼 생각한다고 하지만 업장에 나와서 근무하는 직원들의 경우 실질적인 보수와 성과급보다 더한 보상은 없다. 직원교육도 지속적으로 실시하고 있다.

연 1회 이상, 외부 전문교육기관에 위탁해 팀워크 향상, 리더십, 펀(Fun) 등 다양한 주제의 세미나 교육을 실시하고 있다. 또한 매주 토요일마다 실질적인 서비스 스킬 향상 교육을 통해 고객 접대요령은 물론 고객들이 원할 경우, 담당 서버가 얼마든지 추가 찬과 디저트 등을 제공할 수 있도록 종사원들의 재량을 높여줌으로써 업무 만족도와 고객 만족도 두 마리 토끼를 잡았다.

7) 가보정이 브랜드다

브랜드란 제품 및 서비스를 식별하는 데 사용되는 명칭·기호·다자인 등의 총칭이다. 외식업계에서 브랜드라 함은 누구나 알 수 있는 상호로, 보통 상호만 들어도 그 업소에서는 어떤 음식 과 서비스를 제공하는지 고객들이 인지할 수 있다. 상호를 브랜드화 하는 가장 보편적인 방법은 프랜차이즈를 통해 가맹점을 늘려 상호의 노출을 확대시키는 것이다. 그런데 프랜차이즈도 아닌 개인 외식업소인 가보정은 그 자체로 지역의 대표브랜드가 되었다.

그 배경에는 물론 국내 최대 규모의 갈빗집이라는 점도 한 몫을 하고 있다. 그러나 단지 규모만 크다고 해서 브랜드파워가 생기는 것은 아니다. 생수만 해도 생산업체에서 가보정의 로고를 함께 새겨 납품할 정도로 가보정은 브랜드 파워를 갖고 있다.

본관만 운영하던 때와는 달리 맛에 대한 불만고객이 없다는 것이 가장 큰 변화다. 고객들이 가보정의 음식에 입맛을 맞추는 현상이

나타나고 있는 것이다. 가보정 갈비와 음식이 '가보정 스타일'로 자리매김하면서 컴플레인 자체가 없어졌다. 가끔 맛에 대한 불만고객이 생길 때에는 같이 온 고객이 오히려 이것이 가보정의 스타일이라고 설득을 한다.

그렇기 때문에 음식 맛에 있어서는 보다 엄격한 잣대가 필요하다. '음식은 주인의 입맛' 이다. 찬모는 결국 주인의 입맛에 맞추게 되어 있기 때문에 주인의 입맛이 정확해야 한다는 것이다. 가보정이 브랜드화 되면서 고객이 홍보맨이 되어 새로운 고객들을 창출하는 것은 덤이다.

〈표6〉 가보정 주요메뉴와 가격

가보정	1관	2관	3관
개업일	1992년	2005년	2013년
주요메뉴	국내산한우양념갈비(270g 4만2000원), 미국산양념갈비(450g 3만4000원), 호주산양념갈비(380g 3만5000원), 한우양념갈비정식(135g 2만2000원)		
객단가	주말 3만 원, 주중 낮 2만6000~7000원		
전화번호	031-238-3883, 1600-3883		
주소	경기도 수원시 팔달구 장다리로 282 (1관)		
영업시간	평일 : 11:30~22:00, 공휴일/주말 : 11:00~22:00, 2관은 오후 11시까지		
정기휴일	연중무휴		
규모	600석	600석	250석

자료 : 육주희, "월간식당" (2014. 2), 127-130.

벤치마킹 포인트

가보정의 양념갈비는 수원갈비 전통제조방법 그대로 간장을 사용하지 않고 소금과 설탕으로 기본양념을 한다. 소금은 천일염을 사용하며 설탕은 흑설탕과 백설탕, 황설탕을 배합해 사용하는 것이 가보정 갈비 맛의 비결. 여기에 마늘, 후춧가루, 참기름, 로즈마리 등과 파인애플을 갈아 넣어 만든 양념에 2~3시간 숙성시킨다.

또한 20여 년간 참숯만을 고집해 참숯의 은은한 향이 고기에 배어 감칠맛을 더한다. 가보정에서는 30분~1시간 이내에 만든 반찬만을 제공한다는 원칙 아래 차게 먹어야 할 음식은 차갑게, 따뜻하게 먹어야 맛있는 음식은 갓 조리한 것을 제공하고 있다.

- 양념게장 : 갈비와 게장이 어울릴까 싶지만 둘은 찰떡궁합이다. 고소하지만 자칫 느끼할 수도 있는 갈비와 시원하고 매콤달콤하게 양념한 게장이 어울려 환상의 궁합을 자랑한다. 양념게장은 인기 리필메뉴 1순위. 멸치액젓을 직접 담가 2~3년 삭힌 것을 사용하며 고객이 주문하면 바로바로 무쳐내는 것이 포인트.
TIP 검증된 맛의 양념게장을 포장구매 해가는 고객들의 수요가 높아 부가수익을 창출하는 효자메뉴다.

- 단호박전 : 양념게장과 1,2위를 다룰 만큼 사랑받고 있는 반찬이다. 쫀득쫀득한 찰기와 단호박 특유의 달콤하면서 고소한 맛을 고스란히 담아낸 메뉴다. 갓 부쳐낸 따뜻한 단호박전을 제공하기 위해 전 메뉴를 전담하는 직원을 따로 두고 있다.

TIP 단호박전 대신 겨울철에는 굴전이나 손쉽게 만들 수 있는 애호박전, 느타리버섯전, 감자전 등으로 대체하는 것도 좋다. 전은 조리법도 간편하고 누구나 좋아하며, 반찬의 품격을 유지할 수 있는 아이템이다.

- 과일샐러드 : 샐러드는 고기를 먹을 때 입안을 깔끔하게 정돈해주는 역할을 하며 다이어트에 관심이 많은 여성고객들에게 인기있는 반찬이다. 요즘에는 호박고구마와 사과, 건포도, 각종 견과류를 함께 섞어 콩가루와 땅콩 다진 것에 무쳐서 제공한다.

TIP 제철 과일과 견과류를 이용하는 것이 포인트다.

5. 미슐랭이 인정한 빛고을 광주 명품 〈민속촌·무진주〉

광주광역시의 중심 시가지인 충장로와 대표적인 신도시인 상무·

수완지구에 각각 들어서 있는 〈민속촌〉과 〈무진주〉는 150여만 광주광역시 인구보다 더 많은 연간 190여만 명의 방문객이 다녀가는 광주의 대표적인 음식점이다. 이곳은 광주광역시가 지정한 광주 맛집에 1~5기까지 지속적으로 선정되었을 뿐만 아니라 2011년에는 프랑스 미슐랭 그린가이드(한국판)에 등재됐고, 광주광역시가 발표한 빛고을 명품음식점에 선정되는 등 화려한 명성을 자랑한다.

1) 미슐랭 그린가이드에 오른 민속촌과 무진주

빛고을 광주를 대표하는 민속촌·무진주는 지난 1993년 자그마한 갈빗집으로 시작해 현재 민속촌 브랜드로 3개의 업장과 무진주 1곳이 운영되고 있으며, 연간 200만명에 육박하는 방문객이 다녀가는 명실공한 전라남도 대표 외식업체로 성장했다.

현재 운영하고 있는 업장 가운데는 민속촌 충장점이 가장 오래된 매장으로 1995년에 오픈했으며 돼지갈비를 주력으로 선보이고 있다. 충장점은 입구부터 고풍스러운 한옥의 분위기가 그대로 전해진다. 실내는 전통적인 목재를 소재로 해 서민적인 정서와 분위기, 전통의 멋을 제대로 살리고 있어 지금도 광주 동구지역의 젊은이들과 중장년층의 많은 사랑을 받고 있다. 1998년 오픈한 무진주는 족발, 보쌈,

냉면을 전문으로 하고 있다.

　무진주는 광주의 옛 지명으로 광주의 역사와 인물, 정서를 인테리어 콘셉트에 고스란히 담았다. 매장의 각 벽면에는 광주의 옛 모습부터 근현대사에 이르기까지 변천사를 담아냈다. 특히 무진주 2층 벽면에는 광주 사람이면 누구나 알 수 있는 이 고장의 인물들을 부조로 표현한 ‘광주의 인물’이라는 작품이 있는데 매장을 방문한 고객들은 반드시 기념사진을 찍고 갈 정도로 많은 사람들의 사랑을 받고 있다.

　무진주에는 또 다른 전설이 있다. 2002년 무진주를 신축한 후 한일 월드컵이 열렸는데, 우리나라가 경기에서 이기면 메뉴 가격 50% 할인과 나아가 16강 진출이 확정되면 다음날에는 음식 값을 받지 않겠다고 공헌했다. 결국 우리나라는 16강에 진출했고 그 약속을 이행하면서 고객이 식당 밖 100m가 넘게 줄을 서는 진풍경이 벌어져 이것이 여러 언론을 통해 알려지기도 했다. 이 밖에도 2011년 프랑스 미슐랭 그린가이드(한국판)에 올라 전국적으로 그 명성을 높였다.

2) 예술작품과 현대적 인테리어가 조화 이룬 민속촌

　민속촌 상무점과 수완점은 각각 2011년과 2012년에 오픈해 이전

두 매장과는 점포의 분위기가 차별화된다.

광주의 대표적 신도시인 상무지구 운천저수지 앞에 자리 잡은 민속촌 상무점은 민속촌 매장 중 가장 큰 규모와 모던하고 세련된 인테리어를 자랑한다. 광주의 현대적 모습과 과거의 모습을 기본 콘셉트로 광주비엔날레의 대표적 작가인 하성흡 작가의 대표 작품을 매장 곳곳에 전시하고 있다.

특히 '서구 8경'은 상무점이 자리 잡고 있는 서구지역의 명소들을 정감 있는 수묵화 그림으로 표현했고, '서구의 오래된 나무'는 서구의 옛 마을마다 있었던 그리고 현재도 존재하는 각 마을의 오래된 나무들을 주인공으로 서구 사람들과 함께 서구를 지켜온 나무를 상징적으로 표현하고 있어 지역민들은 물론 매장을 방문하는 많은 고객들로부터 사랑을 받고 있다.

이외에도 민속촌 상무점과 발전하는 민속촌을 상징하는 대표적 조형물로는 매장 중앙의 천장을 장식하고 있는 '천방천계'가 있다. 천방천계란 천개의 방과 천개의 계단을 의미하는데, 육면체와 함께 끝없이 이어지는 계단과 공간의 만남을 통해서 세상의 복잡함속에서도 조화를 이루는 우주의 원리를 표현하고 있다.

각각의 육면체는 천명의 사람과 그들의 조화로운 모습이 만나는 세상과 우주를 상장한다. 즉 천방천계는 '민속촌이라는 기업과 그 사람들이 세상과 조화를 이루면서 발전을 이어나가야 한다'는 기업정신을 상징하고 있는 작품이다.

민속촌 수완점의 기본 콘셉트는 상무점과 동일하다. 매장을 구성하는 주요한 소재는 한국의 전통적인 미를 추구하고 있으나 그 시설은 현대적이며, 매장 중앙에 '천방천계'와 함께 '일월곤륜도'가 있다. 이것은 '고객을 왕처럼 모신다' 또는 '왕실수준의 서비스로 고객을 모시겠다'는 민속촌 임직원의 마음과 의지의 표현이다.

한편 ㈜민속촌은 지난 2012년 10월 식자재 유통사업에 진출해 ㈜싱싱프레시몰을 경영하고 있다.

민속촌·무진주의 성공에는 수많은 요소들이 숨어있다. 정도경영, 후진양성, 나눔공헌이라는 ㈜민속촌의 경영이념은 차치하고라도 직원과 함께 행복을 추구하고, 협력업체와 상생하며, 사회에 봉사하는 것을 실천하는 기업문화가 자리 잡혀 있다.
여기에 최고의 분위기와 고객을 생각하는 진정성, 최상의 음식을 제공하기 위한 노력, 문예의 도시답게 예술인들의 작품을 매장 인테리어에 십분 접목한 콜라보레이션 등 수없이 많은 요소들이 어우러져 성공의 법칙을 만들어 가고 있다.

3) 정직과 신뢰를 바탕으로 한 정도경영

민속촌·무진주의 성공은 정직과 신뢰가 바탕이 된 매장운영 원칙에서 찾을 수 있다. 한 번 제공한 음식은 절대 재사용 하지 않는 안심먹거리 제공이 그 첫 번째이며, 정량준수로 단 1g이라도 부족하면 돈을 받지 않겠다는 원칙을 철저히 지키고 있다. 이를 위해 민속촌은 전자저울로 계량하고 있는데 1인분이 230g이지만 실제 제공량은 250g에 달할 만큼 넉넉하다. 또한 고객이 언제든지 식품의 원산지를 확인할 수 있도록 철저하게 원산지를 표시하고 있는 것은 물론 국가가 인정한 농산물 품질 관리사를 직원으로 채용해 엄선한 식재료를 구입, 최고 품질의 식재료로 만든 음식을 제공하고 있다.

그러나 아무리 좋은 식재료로 저렴하고 넉넉하게 음식을 제 공해도 맛이 뒷받침되지 않으면 고객은 외면하게 마련이다. 민속촌·무진주는 맛에서도 최고를 추구하고 있다. 이를 위해 메뉴 전담팀을 만들어 메뉴에 대한 품질 향상 노력 및 새로운 메뉴 개발에 주력하고, 대표이사 및 임원들이 직접 매장별 시식 평가를 통해 일정한 맛과 서비스 향상을 꾀하고 있다. 즉 거품 없는 착한 가격에 고품질의 음식과 품격 있는 서비스와 분위기로 고객 만족도를 높이고 있다.

4) 직원과 함께 행복을 추구하는 일류 기업

민속촌·무진주의 모든 사업은 철저히 직원의 행복 추구를 기본으로 하며 나아가 세계 최고가 되기 위해 아낌없이 투자를 하고 있다. 직원이 행복해야 고객이 행복하고, 고객이 행복해야 매출도 상승 한다는 선순환의 원리에 따라 직원들에게는 내·외부 교육 및 해외 연수 기회를 제공하는 등 끊임없이 교육의 기회를 제공하고 있다. 행복한 직원을 위한 복지 제도도 다양하다. 직원이 매장을 이용할 때에는 30% 할인 제도와 직원이 신입직원을 소개할 때도 구인광고비용을 대신해 인센티브로 지급한다. 또 외식업계 최초로 월 6회 휴무제 도입과 더불어 출산 및 경조사 휴가 제공, 연 3회 유급휴가가 보장된다.

6개월 이상 근속한 직원은 기본 1개월, 최장 3개월까지 휴식월 제도를 운영해 재충전의 기회를 제공하며, 휴식월 기간 중 직원이 직무와 연관된 교육을 받을 경우 회사가 교육비를 지원한다. 또 월 1회 좋은 아이디어 포상의 날을 실시해 좋은 아이디어를 공개 모집 및 포상하고, 호봉제의 실시 및 인사 평가 시스템을 도입해 능력 있는 직원들에게 그에 따른 정당한 대우를 제공하고 있다.

5) 직원은 한 식구, 이익은 함께 나눈다

민속촌·무진주에는 ㈜민속촌이 식당을 인수하기 이전부터 현재까지 23년 동안 함께 해온 주방 직원부터 21년 된 창업동지 조리이사까지 유독 장기근속자가 많다. 그 이유는 직원들의 마음을 헤아리는 대표가 있기 때문이다. 한솥밥을 먹은 지 21년이 되는 창업동지들이 아직도 식당에서 일을 하고 있다. 그래서인지 회사라기보다 가족이라는 개념이 강하다.

지금은 회사가 성장을 해 규모가 커지면서 각자의 역할에 따라 직책, 직급이 형성돼 있지만 사실 아직도 형, 동생이라는 끈끈한 정서적 유대감이 더 깊다. 함께 고생하며 동고동락한 만큼 그에 따른 열매도 어느 정도 분배해야 한다는 생각에 민속촌과 무진주의 발전에 기여한 장기근속 임직원에게는 새로운 매장오픈 시 투자의 기회를 제공하고 투자비용대비 매장의 영업이익만큼 배당금을 지급하고 있다. 민속촌 상무점의 경우 투자에 대한 수익률이 한국은행 금리 2.5% 대비 약 8배 높은 21.2%의 배당금을 지급하고 있으며, 민속촌 수완점의 경우 임직원들에게 연 평균 12%에 해당 하는 수익 배당금을 지급하고 있다.

또한 장기 우수 임직원에게는 BMW와 벤츠 차량을 포상해 광주는 물론 외식업계에도 센세이션을 불러일으키기도 했다. 그동안 고생해 온 직원에 대한 감사의 표현으로 시작했는데 직원들의 자부심도 높아지고, 새로 입사한 후배 직원들에게는 동기부여가 되는 요소이기도 하다. 지금까지 지급된 차량은 총 5대이며, 향후 점포를 새로 개발할 때마다 순차적으로 차량을 포상으로 지급할 계획이다.

6) 꿈과 열정, 의지가 있는 인재는 언제나 환영

외식업은 아무리 인테리어가 좋아도 결국 사람과 사람사이에 이뤄지는 비즈니스다. ㈜민속촌의 인재상은 전문성, 꿈과 도전, 열정 그리고 연대, 나눔으로 정의할 수 있다. 이를 위해 민속촌은 학력, 성별, 나이, 출신, 종교, 인종, 빈부, 계급 등의 잣대로 차별하지 않으며, 서로의 차이를 인정하고 개개인의 능력과 역할, 장점을 극대화하는 열린 마인드로 기본에 충실한 외식인 채용과 후진양성에 노력을 기울이고 있다.

직원 채용에 있어서 가장 중요시 하는 부분은 음식을 만들고 파는 사람이기 보다 고객의 기쁨, 나이가 식문화에 기여하기 위해 노력하는 성실한 사람, 꿈을 실현하기 위한 창의적인 에너지가 넘치는 사람, 새로움을 추구하고 끊임없이 도전하는 창의적인 사람, 믿음과 긍지를 바탕으로 스스로의 열정과 의지를 일깨우는 사람이다.

이러한 열린 인재 채용으로 민속촌·무진주에는 전국의 외식관련 대학에서 학업을 마친 인재들이 모여들고 있다. 전국 외식산업관련 학과 학교와 MOU를 체결해 1~2개월간 민속촌 무진주에서 현장실습을 실시하고, 이를 통해 채용까지 연결되는 사례가 늘어나고 있는 것도 한 이유다. 민속촌은 이들을 위해 직원 아파트를 마련해 숙소로 운영하는 등 편의도 제공하고 있다.

7) 지역사회에 기여하고 봉사를 실천하는 기업

㈜민속촌의 기본 경영 이념은 '나눔경영'이다. 외식산업을 기반으로 성장과 발전을 지속해온 기업답게 음식으로 재능기부를 하는 것이다. 봉사활동은 이벤트성으로 실시하는 일회적인 봉사가 아니라 꾸준히 지속적으로 하고 있는 것이 특징이다. 유니세프, 대한적십자사, 초록우산 어린이재단, 사회복지공동모금회 등의 단체에 월평균 8회 이상 봉사활동을 하고 있다. 이 가운데 광주광역시 서구청 및 광산구청과 함께 하고 있는 '희망플러스 찬 나눔행사'와 '행복을 드리는 밥상'은 전국적으로도 민관 협력의 모범사례로 꼽힐 정도다. 한방병원, 이미용, 영정사진, 뜸 등 27개 업종의 유관업체들이 통합

자원봉사에 나서 1주일에 1번씩 학교 체육관에서 활동을 펼치고 있다. 이처럼 유관업체들이 통합 자원봉사에 나서는 것은 여럿이 힘을 모을 때 그 영향력이 커지기 때문이다.

민속촌에서는 이 밖에도 관내에 있는 독거노인 및 결손가정 320세대에 반찬 지원을 2년째 지속해 오고 있으며, 성요셉요양원에 있는 100여 명의 치매 노인에게 각각의 질환에 맞춘 맞춤식을 제공하고 있다.

과거에는 오른손이 한 일을 왼손이 모르게 하라고 했지만 지금은 널리 알릴수록 '사랑의 행복 바이러스'가 확산된다는 확신으로 '사랑의 행복바이러스 퍼트림 운동'을 전개하고 있다. 이의 일환으로 민속촌·무진주는 매월 총 소득의 10%를 봉사 비용에 사용하고 있으며, 이를 고객들이 알 수 있도록 수치화해 매장에 게시하는데, 손님들도 업장에 들어서면서 이곳이 봉사하는 업소가 맞냐고 확인하기도 하고, 자신이 식사한 음식 값의 일부분이 어려운 사람들에게 돌아간다는 생각에 간접적으로나마 봉사활동에 참여하는 마음이 든다며 높은 호응도를 보이고 있다. 아울러 봉사활동에 동참하고 싶다는 자원봉사자들의 문의도 잇따르고 있다.

㈜민속촌은 한식의 식문화를 전 세계에 알리고 보급하며, 나아가 한식의 과학화, 산업화에 기여하는 최고의 한식문화기업을 지향하고

있다. 이를 위해 최고의 맛과 최고의 서비스를 제공하고자 끊임없는 교육을 통한 대 고객 서비스에 주력하고 있다. 또한 시시각각 변하는 고객 트렌드를 리드하기 위해 벤치마킹, 퓨쳐마킹 등을 통해 끊임없이 연구 개발함으로써 고객의 니즈에 적극적으로 대응하고 있다. 또한 한식문화의 리딩기업으로서 그 영역을 확장하기 위해 〈황 'S PLAN〉을 기획하고 있다. 플랜에 따르면 국내 직영 및 프랜차이즈 전개와 해외 직영점 및 프랜차이즈 진출을 계획하고 있다. 이에 따라 국·내외 식자재 유통사업 진출은 물론 점포개발을 위한 부동산 개발 사업에도 진출할 계획이다. 또한 전문학교 설립 및 병원, 은행설립 등 세계로 나아가는 한식문화 리딩기업으로서의 역량을 강화한다는 비전이다.

〈표7〉 민속촌·무진주의 메뉴와 이용고객

	민속촌 충장점	무진주	민속촌 상무점	민속촌 수완점	총계
개점일	1995년 4월	1998년 9월	2011년 7월 5일	2012년 9월 28일	
주메뉴	돼지갈비, 냉면 전문점	보쌈, 족발, 냉면 전문점	돼지갈비, 냉면 전문점	돼지갈비, 냉면 전문점	
좌석수	308석	314석	406석	280석	1308석
종사원수	60명	60명	110명	75명	305명

주차대수	100대	100대	150대	120대	470대
연간고객수	32만 명	30만 명	73만 명	55만 명	190만 명
주소	광주광역시 동구 중앙로 160번길 16-10	광주광역시 동구 중앙로 160번길 16-13	광주광역시 서구 운천로 143	광주광역시 광산구 장신로 19번안길 23	
전화번호	062-222-4815	062-224-8074	062-376-9233	062-943-9233	
영업시간	11:30~240:00 / 연중무휴				

자료 : 육주희, "월간식당" (2014. 3,) 92-97.

벤치마킹 포인트

민속촌·무진주가 추구하는 핵심가치는 최고의 맛과 서비스, 인테리어, 청결, 위생 등 기본을 원칙으로 지역사회에 봉사하고 나눔을 실천함으로써 궁극적으로는 한식 문화를 선도하는 것이다.

① 기부 총액 7억원 : 2016년 민속촌·무진주는 기부 총액이 7억원, 총 기부음식이 180만2091인분에 이르고 있다. 각 매장 입구에는 기부내역을 계속 업데이트 해 방문하는 고객들에게 나눔에 동참한다는 사실을 인지시켜 긍정적인 호응을 얻고 있다.

이곳 대표는 아홉명이 있는데 하나를 더 채워 열을 만들기 보다는 하나를 덜어 나눠주는 것이 나눔 경영임을 강조한다. 또 지역사회의 소외계층을 위해 무엇을 할 수 있을까 고민한 끝에 가장 잘 할 수 있는 재능기부인 음식을 조리해 대접해야겠다고 결심했다고 나눔의 배경을 설명했다.

② 반찬을 제공하는 새로운 패러다임의 봉사활동 : 2년간 지속해 온 희망플러스 찬 나눔 사업은 ㈜민속촌이 광주광역시 서구청과 협약을 맺고 관내 독거노인, 소년소녀가장에게 반찬을 제공하는 새로운 패러다임의 봉사활동이다. 민속촌에서는 반찬 재료비용과 장소를 제공하고 서구자원봉사센터에서 자원봉사자들을 파견해 반찬 만드는 것을 돕고 있다. 만들어진 반찬은 서구노인복지관, 금호·쌍촌·시영 사회복지관, 다문화가족센터 등으로 이송돼 대상자 가정에 반찬을 전달하는 지역사회의 여러 사회단체가 협력하는 복지 네트워크 형태로 운영되고 있다.

일주일간 소비되는 반찬 분량은 1톤 트럭 1대 분량이다. 320세대에 3인 가족이 하루 3끼 3가지 반찬으로 일주일 동안 먹을 수 있는 분량으로 인분 수로 따지자면 2만 인분이 넘는다. 반찬 나눔 사업은 특히 홀몸노인들의 고독사도 체크할 수 있어 일석이조의 효과를 보고 있다.

③ 맛, 서비스, 청결, 가치 등 기본에 충실 : 민속촌·무진주는 타업소와 차별화된 맛과 품질의 균일성, 신속성, 정성 등을 강화하고 보다 돋보이는 담음새와 메뉴개발에 항상 노력하고 있다.

또 청결과 위생, 건강한 음식과 서비스를 제공하는 것은 고객에 대한 기본적인 책무이자 약속이므로 주방과 음식의 위생뿐만이 아닌 입구, 테이블, 통로, 화장실 등의 매장 내외 환경의 청결과 직원의 깨끗한 복장, 개인위생까지 관리를 소홀히 하지 않는다.

여기에 시각, 청각, 후각, 촉각, 미각 등 고객의 오감을 모두 만족시킬 수 있는 세련되고 품격 있는 분위기 제공에 최선을 다해, 고객이 지불하는 금전적 가치보다 훨씬 더 많은 양과 고품질의 가치를 고객에게 전달해 고객감동의 가치를 창출하고 있다.

부록

창업 및 업종 전환, 신규사업 가이드

〈표 1〉 외식산업의 구성요소

외식산업의 구성요소				
가격	식음료	인적서비스	물적서비스	편리성

〈표 2〉 외식기업 경영형태의 장·단점

구분 \ 방법	초기투자	경험도	사업운영 책임도	실패율	재정 위험도	보상
직영	높다	높다	높다	높다	높다	높다
가맹	보통 이하	최저	보통	보통	보통	보통 이상
인수	보통	높다	높다	높다	높다	높다
위탁	없음	보통 이상	보통	보통	보통	보통 이하

〈표 3〉 업종별 분류

외식산업	음식중심	일반음식점	일반음식점	한식점
				일식점
				양식점
				중식점
				기타
			특수음식점	열차식당
				항공기내식당 기내사업
				선박 내 식당
			숙박시설 내 음식점	호텔 내 식당
				리조트,콘도,여관 내 식당(1970년 이전)
		단체음식	학교	초,중,고,대학
			기업	구내식당
			군대방위시설	군대
				전투경찰
				경찰
				교도소
			병원	구내식당
			사회복지시설	연수원
				양로원
				고아원
	음료중심		찻집,술집	커피전문점
				호프집
				술집(대중유흥업소)
			요정,바	요정
				바
				카바레
				나이트클럽, club

〈표 4〉 한식의 유형별 종류

품목	세부종목	품목	세부종목
해물류	조개찜 조개구이 게찜 바닷가재찜 낙지볶음 굴회 오징어볶음	전류	파전 빈대떡 모듬전 오코노미야키
생선류	갈치구이 코다리찜 광어회 장어구이 장어직화 장어양념구이	국물류	된장찌개 부대찌개 청국장 순두부 북어국
육류-쇠고기	쇠고기등심 쇠고기갈비 쇠고기 불고기 쇠고기 샤브샤브	디저트류-빵	샌드위치 초콜릿 케이크 와플 바게트
육류-돼지고기	돼지고기 삼겹살 돼지갈비 돼지등갈비	디저트류-음료	생과일주스 아이스크림 빙수 생과일 요거트 스무디
육류-닭고기	닭튀김 삼계탕 닭강정 닭갈비	디저트류-커피	커피 북카페 애견카페 키즈카페
육류-족발	족발 냉족발 오븐구이족발 쌈족발	출장음식	도시락 제사음식 홈파티
면류	자장면 짬뽕 냉면 잔치국수 메밀	주류	소주 맥주 생맥주 와인 막걸리
탕류	갈비탕 샤브샤브 설렁탕 삼계탕 매운탕	분식류	순대류 튀김 떡볶이 우동 김밥
한식	비빔밥 팥쌈밥 영양밥 김밥 죽	뷔페류	패밀리뷔페 해산물뷔페 고기뷔페 샐러드뷔페 디저트뷔페 채식뷔페

〈표 5〉 외식업계 업종별 트렌드 핵심 (키워드)

창업할 수 있는 외식 종목들 간 콜라보레이션(모둠+조합) 메뉴

업종	키워드	상세 키워드
한식	건강한 삶과 간편식 시장확대	4S(safety, show, self, single), 건강, 간편식, 유기농, No MSG, 오픈키친, HMR
패밀리 레스토랑	감성을 추구하는 융복합화	콜라보레이션, 감성, 시장 다각화, 초니치 마켓
치킨	카페형 매장과 스포츠 마케팅	가치소비, 힐링, 프리미엄, 싱글족, 치맥 스포츠 마케팅, 간편식, 안전, 차별화, SNS
주점	복고와 엔도르핀 디쉬	복고, 감성, 소형화, 차별화, SNS 콜라보레이션, 인테리어, 합리적 가격
커피	고급 원두와 부티크 매장	웰빙, 건강한 재료, 소형화, 전문화, 차별화, 콜라보레이션, 고급화, 부티크, 복고, 인테리어, 사회공헌, 해외진출
피자	웰빙과 프리미엄의 합리적 소비	웰빙, 고급화, 합리적 가격, 안전·안심, 스포츠마케팅, 복고·향수, 엔도르핀 디쉬, 콜라보레이션, 소형화, 건강한 재료, 싱글족
이탈리안 레스토랑	착한 소비와 건강한 식생활	착한 소비, 오가닉, 건강, 와인
분식	합리적인 가격과 콜라보레이션	콜라보레이션, 소형화, 프리미엄, 합리적 가격, 소량화, 간편식, 싱글족
패스트푸드	안전하고 합리적인 가격	합리적 가격, 간편식, 싱글족, 안심·안전
디저트	매스티지족의 진정성	콜라보레이션, 건강한 재료, 진정성, 유기농, 프리미엄, 인테리어, 독창성

〈표 6〉 소비자 유형별 기호와 변화

소비자 진화 양상 단계 ▼	새로운 소비자 집단 ▼
마담슈머(Madame + Consumer) 구매 결정권을 가진 주부들의 시각에서 제품 평가	**바이슈머(Buy + Consumer)** 해외에서 판매되는 물품을 직접 구입하는 소비자 (직구족)
⇩ **트라이슈머(Try + Consumer)** 기존 정보에 의존하지 않고 제품을 직접 써본 뒤 평가	**모디슈머(Modify + Consumer)** 제조업체에서 제시하는 방식이 아닌 자신만의 방법으로 재창조 해내는 소비자
⇩ **크리슈머(Creative + Consumer)** 신제품 개발이나 디자인, 서비스 등의 문제에 적극 개입해 의견을 제시	**스토리슈머(Story + Consumer)** 기업에 제품과 관련된 자신의 이야기를 적극적으로 알리는 소비자
⇩ **프로슈머(Producer + Consumer)** 제품의 생산단계에 직접 관여하거나 소비자가 생산까지 담당	**쇼루밍족(Showrooming)** 오프라인 매장에서 제품을 보고 온라인을 통해 저렴하게 구매하는 소비자(실속 중시) VS
⇩ **가이드슈머(Guide + Consumer)** 기업의 생산현장을 검증하고 잘못된 점은 지적, 잘한 점은 홍보	**역쇼루밍족(Reverse Showrooming)** 온라인에서 검색을 통해 제품을 결정한 뒤 오프라인에서 구매하는 소비자

〈표 7〉 외식 브랜드의 구성 요소

브랜드 아이덴티티	브랜드 네임, 브랜드 로고, 브랜드 컬러, 브랜드 캐릭터, 브랜드 슬로건
메뉴	메뉴 구성, 원재료 선택, 조리 방식, 메뉴명, 프리젠테이션, 식기 선택, 메뉴 제공 방식
서비스	서비스 정도, 서비스 방식, 서비스 특성
분위기	SI(Store Identity), 음악(music), 조명(lighting), 유니폼(uniform), 사인(signage)
입지	지역, 입점 형태(free standing/building-in)
가격	가격, 좌석회전율, 식재료비, 인력 및 인건비, 임대료 수준, 할인정책

〈표 8〉 브랜드 아이덴티티의 도출

기능적 속성	맛의 동질성, 볼의 차별성, 메뉴의 다양성, 양의 풍부함, 시간 절약, 이벤트의 독창성, 접근 편의성, 인테리어의 간결성, 가격대비 맛과 양, 가격의 합리성		
이성적 혜택	통일성, 신속성, 다양성, 합리성, 편리성, 독창성, 전문성		
감성적 혜택	신선함, 생동감, 젊음	친근함, 즐거움, 정겨움	편안함, 재미있음
성격	▼ 독특함	▼ 공유성	▼ 편안함
브랜드 아이덴티티	⇩ 스파게티로 특화된 캐주얼 레스토랑		

〈표 9〉 브랜드 콘셉트 키워드의 개발

키워드	내용
다양성	메뉴와 이벤트의 다양성
통일성	각 매장 간 메뉴의 맛, 인테리어의 동질성
합리성	가격대비 맛과 양, 서비스의 만족감
신속성	시간 절약
전문성	네이밍에서의 전문성, 메뉴의 전문성
편리성	접근과 이용, 서비스의 편리성
신선함	음식의 신선함, 신선한 식자재, 이벤트와 제공 방식(홀서비스)의 새로움
생동감	동적이고 활발한 분위기, 생동감 있는 인테리어
젊음	매장 분위기, 주된 색상, 방문하는 고객과 직원의 젊음
친근함	고급스럽지 않고 대중적이며 부담스럽지 않은 친근함
즐거움	밝고 화사한 인테리어와 가격대비 맛과 양이 좋은 것에서 오는 즐거움
정겨움	오픈된 주방이나 인테리어, 함께 나눠먹는 정겨움
편안함	인테리어의 편안함, 위치의 편안함, 서비스나 가격 등의 심리적 편안함
재미	이벤트의 재미, 메뉴를 고르는 재미, 홀서비스의 재미
독특함	홀서비스의 독특함, 패밀리레스토랑과는 다른 분위기와 서비스
공유성	음식을 나눔으로서 얻게 되는 정서의 공유

〈표 10〉 콘셉트 도출 사례

고객 이미지	개성을 추구하는 여대생 (20대 여성)	해외여행 경험이 있는 젊은 세대	신세대 직장인	자유 직업가와 보보스족	아침 일찍 출근하는 직장인
고객 이익	자신만의 공간, 자유롭게 대화	해외에서 경험한 커피 맛	친구와 여유로운 대화, 독특하고 맛있는 장소	다양한 커피 선택, 노트북 PC이용	간단한 빵과 커피
입지 이미지	이대 앞, 대학로, 프레스센터, 명동역, 강남역, 삼성역, 코엑스, 역삼역, 광화문				
고객 서비스	창가 쪽 1인 좌석, 자유공간, 바리스타, 테이크아웃 서비스, 고객 맞춤 커피, 무선 랜 서비스, 포인트제도, 페이스트리				
고객 시나리오	창가에서 음악을 들으며 혼자 책을 본다, 커피향이 나는 포근한 소파에서 친구와 부담 없이 대화한다. 여자 친구와 극장에 가기 전에 만나서 영화 이야기를 하며 즐긴다. 직장 동료와 점심 식사 후 커피를 테이크아웃하여 마신다. 여기저기 뛰어다니다 자투리 시간에 무선 랜을 이용하여 업무를 한다, 일찍 출근하여 회사 근처에서 여유로운 아침을 시작한다.				
목표 콘셉트	세계 최고의 커피를 주문하여 직접 에스프레소 방식으로 즐길 수 있는 커피숍, 혼자 있을 때는 편안하게, 친구와 같이 있을 때는 즐겁게 대화할 수 있는 커피숍, 고객의 오감을 만족시켜주는 문화가 있는 커피숍				

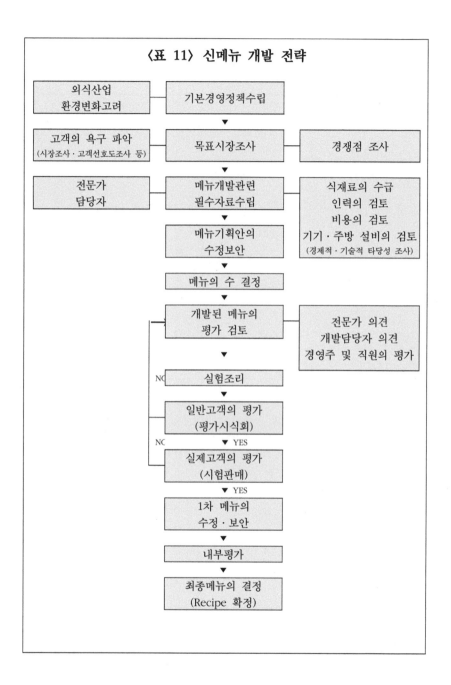

〈표 11〉 신메뉴 개발 전략

외식산업 환경변화고려	→	기본경영정책수립		
고객의 욕구 파악 (시장조사·고객선호도조사 등)	→	목표시장조사	→	경쟁점 조사
전문가 담당자	→	메뉴개발관련 필수자료수립	→	식재료의 수급 인력의 검토 비용의 검토 기기·주방 설비의 검토 (경제적·기술적 타당성 조사)

메뉴기획안의
수정보안

↓

메뉴의 수 결정

↓

개발된 메뉴의
평가 검토 → 전문가 의견
개발담당자 의견
경영주 및 직원의 평가

↓

NO 실험조리

↓

일반고객의 평가
(평가시식회)

NO ↓ YES

실제고객의 평가
(시험판매)

↓ YES

1차 메뉴의
수정·보안

↓

내부평가

↓

최종메뉴의 결정
(Recipe 확정)

〈표 12〉 메뉴의 적합성 평가

주요항목 및 평가요소	세부검토사항	
소비기호 (연령별, 직업별)	• 타깃연령대가 좋아하는 음식인가? • 음식이 깔끔하고 정갈한가? • 타깃연령대의 수준에 적합한가? • 계절 메뉴나 계절 식재료를 사용할 수 있는가? • 건강식, 다이어트식, 기능식인가? • 맛 유지와 양은 적절한가? • 메뉴가격대는 어떤가? • 어린이용 메뉴구비와 디저트는 준비되어 있는가? • 가족고객이 좋아하는가? • 단순식사로 적합한가? • 메뉴북은 깨끗하고 설명이 충분한가? • 행사메뉴(모임, 회식, 기타)로 적합한 메뉴인가?	
점포, 입지, 시장	• 주변 시장의 가격대는? • 접근성(편리성)은? • 시장성(시장수요)은? • 적합한 건물인가? • 경쟁상태는? • 성장 가능한 입지인가? • 유동인구는 얼마나 되는가? • 주차시설은 되어 있는가?	• 혐오시설은 없는가? • 홍보성(가시성)은? • 적합한 입지인가? • 점포규모는? • 상권내의 외식 성향은? • 집객 시설이 있는가? • 유동차량은 얼마나 되는가?
경영효율 (경영관리 계수관리)	• 매출이익은? • 객단가는? • 메뉴관리는 용이한가? • 점포관리는? • 구매의 난이도는?	• 회전율은? • 원가(재료비,인건비,제경비)는? • 서비스의난이도는? • 경영주의 메뉴 이해도는? • 직원 채용은?
식사형태	• 조식 • 중식 • 간식 • 석식 • 미드나이트	
판매방식	• 내점(Eat in) • 배달 • 포장판매 • 복합판매 가능성은?	

〈표 13〉 외식 브랜드 주기별 커뮤니케이션 전략

도입기 **(사업홍보)**	• 모델샵의 영업 활성화에 총력 • 언론에 기사화 • 브랜드 인지도 제고를 통해 계약 유도 • 체험마케팅을 통한 점포 이용유도 • 예비창업자 홍보
성장기 **(성공모델의** **정착)**	• 기획 사업설명회 개최(명강사 초청 등) • 도입기보다는 광고 홍보 효력감소 • 성공사례 만들기 • 성공사례를 바탕으로 한 현장 확인계약 실적 기대 • 경쟁업체 진입 시 탄력적으로 시장 전략 전개
성숙기 **(브랜드지명도** **확대)**	• 성공사례를 중심으로 한 계약 실적 증가 • 브랜드 정체성 관리 강화(표준화, 전문화, 단순화) • 유지광고/홍보시행 • 브랜드 이미지 관리 • 메뉴개발 및 보완
쇠퇴기 **(현상유지/** **신규사업)**	• 계약실적 쇠퇴 • 브랜드파워 유지 • 고객욕구 분석을 기초로 한 사업 컨셉 조정 • 재정비 및 제2브랜드 런칭 • R&D 성장전략

〈표 14〉 라이프 사이클에 따른 단계별 관리전략

구분	도입기	성장기	성숙기	쇠퇴기
소비자	소비 준비	소비 시작	소비 절정	소비 위축
경쟁업소	미약	증대	극대	감소
창업시기	창업 준비	창업 시작	차별화	업종변경
매출	조금씩 증가	최고로 성장	평행선	하락
제품 (메뉴)	지명도 낮다	지명도 급상승 및 모방 시작	지명도 최고 제품의 다양화	신 메뉴로 대체시기
유통 (판매)	저항이 높고 점두판매위주	저항 약화되고 주문이 쇄도	주문감소 가격파괴현상	가격파괴절정 생존경쟁으로 재정비
촉진	광고 및 PR 활동성행	상표를 강조하고 경쟁적	캠페인활동 성행 및 제품의 차별성 강조	수요는 판촉에 비해 효과가 미흡
가격	높은 수준	가격인하 정책실시	가격최저로 가격에 민감	재정비에 따른 가격 인상정책
커뮤니 케이션	체험마케팅을 통한 이용유도	성공사례를 바탕으로 현장실적기대	유지강화 브랜드 정체성 관리강화, 성공사례를 중심으로 계약실적증가	계약실적 쇠퇴, 신규사업진출 모색, 고객욕구분석으로 사업 컨셉 조정
진행기간	1년차	2년차	3년차	4년차

〈표 15〉 외식산업의 소득 수준별 발전

구분	GNP($)	성장과정	주요업체등장
1960년대	100 ~200	식생활의 궁핍 및 침체기(6·25전쟁 후), 밀가루 위주의 식생활 유입(미국 원조품), 분식의 확산 및 식생활 개선 문제 부상	뉴욕제과(67), 개업업소 및 노상 잡상인 대량 출현
1970년대	248 ~ 1,644	영세성 요식업의 우후죽순 출현, 경제 개발 계획에 따른 식생활 향상, 해외브랜드 도입 및 프랜차이즈 태동, 국내프랜차이즈 시작 : 난다랑(79.7), 서구식 외식업 시작 : 롯데리아(79.10)	가나안제과(76) 난다랑(79) 롯데리아(79)
1980년대 초반	1,592 ~ 2,158	외식 산업의 태동기(요식업→외식산업), 영세 난립형 체인점 출현(햄버거, 국수, 치킨 등), 해외 유명브랜드 진출 가속화	아메리카(80) 윈첼(82) 짱구짱구(82) 웬디스(84) KFC(84) 장터국수(84) 신라명과(84) 등
1980년대 후반	2,194 ~ 4,127	외식산업의 적용 성장기(중소기업, 영세업체난립), 식생활의 외식화·레저화·가공식품화 추세, 패스트푸드 및 프랜차이즈 중심 시장 선도, 패밀리 레스토랑·커피숍·호프점·베이커리·양념치킨 등 약진	맥도날드(86) 피자인(88) 코코스(88) 도투루(89) 나이스데이(89) 만리장성(86)
1990년대 초반	5,569 ~ 10,000	외국산업의 전환기(95년 산업으로서 정착), 중·대기업의 신규진출 러시 및 유명브랜드 도입, 프랜차이즈 급성장 및 도태, 시스템 출현(외식근대화)	나이스데이 씨즐러 스카이락 TGIF 등 아웃백, 빕스, 베니건스, 애슐리, 마르쉐 등

구분	GNP($)	성장과정	주요업체등장
1990년대 후반	6,500 ~ 9,800	IMF로 경기침체, 전체적인 침체, 불황 중 실직자들의 생계수단과 고용 창출 효과, 침체기에도 꾸준한 성장을 이룸, 다양한 형태의 소비패턴에 따른 점포의 변화	서울 경기지역 외식기업 포화 상태로 지방음식의 체인화와 수도권 중심의 패밀리 레스토랑의 지방 진출과 발전
2000년대 초반	10,000- 15,000	웰빙 문화로 인한 패스트푸드의 변화, 광우병파동으로 일부 산업 심각한 타격, 조류독감으로 치킨업계 일시적인 위기, 꾸준한 발전으로 전체 국민 노동력의 50%이상 고용 창출한 거대산업으로 발전	프랜차이즈 포화, 국내 브랜드 등장
2000년대 후반	15,000- 21,500	국내브랜드 프랜차이즈 대거 등장 및 대기업·식품업계의 외식산업 진출, 대기업 3세들의 외식산업진출(신세계:스타벅스로부터시작-투썸플레이스 등)	(할리스, 카페베네 등)
2010년대 초반	21,500 ~ 25,000	경기침체와 세월호 사건으로 인한 외식위주의 식단이 집으로 이동, 정부규제에 의한 외식분야와 식품분야의 위축	대기업 진출에 대한 정부규제, 상생과 공생의 기업 논리
2010년대 후반	25,000 ~ 30,000	대기업 외식산업이 상생과 공생을 내세운 중소기업 외식 정책으로 변화, 대기업의 외식산업 진출 금지, 외식문화의 침체기와 과다 경쟁	CS를 통한 기업 이익과 고객만족 공존

〈표 16〉 한국의 외식산업 발전과정

연대	발전내용	주요업체
1960년대 이전	• 전통 음식점 중심의 음식업 태동기 • 식생활 및 식습관의 가내 주도형 • 식량지원 부족(생존단계)	• 이문설렁탕(1907) • 용금옥(1930) • 한일관(1934) • 조선옥(1937) • 안동장(1940) • 고려당(1945) • 남포면옥(1948)
1960년대	• 6·25전쟁 후 식생활 궁핍 및 음식업 침체기 • 혼분식 확산(미국원조 밀가루 위주의 식생활)	• 삼양라면 최초 시판(1963) • 비어홀(1964) • 코카콜라(1966) • 뉴욕제과 신세계 본점 프랜차이즈 1호점(1968)
1970년대	• 해외브랜드 도입기 • 프랜차이즈 태동기 • 대중음식점 출현	• 난다랑(1979) 국내 프랜차이즈 1호 • 롯데리아(1979) 서구식 외식 시스템 시발점
1980년대	• 외식산업 전환기 • 해외브랜드 진출 가속화 • 국내 자생브랜드 난립 • 부산 아시안 게임(1986) • 서울 올림픽(1988)	• 아메리카나(1980) • 서울 프라자 호텔이 여의도 전경련 빌딩, 프라자(한식당), 도원(중식당), 연회장 운영(1980) • 윈첼도우넛, 버거킹(1982) • 서울 프라자호텔 열차식당 운영(1983) • 웬디스, 피자헛, KFC(1984) • 맥도널드(1986) • 피자인, 코코스, 크라운베이커리, 나이스데이, 놀부보쌈(1988)

연대	발전내용	주요업체
1990년대	• 외식산업 성장기 • 대기업 외식산업 진출 • 패밀리레스토랑 진출 • 전문점 태동	• TGIF 판다로시(1992) • 시즐러(1993) • 데니스, 스카이락, 케니로저스 (1994) • 토니로마스, 베니건스, 블루노 트, BBQ(1995) • 마르쉐(1996) • 칠리스, 우노, 아웃백스테이크 하우스(1997)
2000년대	• 외식산업의 전성기 • 식품업계의 외식산업 진출 • 대기업의 외식산업 점령 • 골목상권 장악 • 자금력에 의한 규모화	• 커피(음료)전문점의 강세, 포화 • 해외진출사례 (할리스 토종브랜 드)
2010년	정부의 규제와 경기침체로 인 한 외식산업 침체기, 외식업의 다 양화를 통한 커피전문점의 활성화 를 꽤하고 있으나 국내포화로 인 한 도산위기, 해외진출의 판로가 절실	• 첫손님가게(2013년2월) -기부문 화의 정착 • 공생과 상생의 기로 • 대기업의 골목상권진출 금지 등
2020년	• 프랜차이즈를 중심으로 한 한 류 K-Food 확산 • 해외 진출 본격화 • 맛, 웰빙, 디테일이 주도 • 성장 정체	• 놀부 NBG • 치킨 브랜드 • CJ 푸드빌 해외 100호점(2012) • 파리바게트(2015년 해외 200호 점 개설)

⟨표 17⟩ 국내 프랜차이즈 산업의 변천사

시대별	구분	주요 브랜드 및 이슈
1970년대	**태동기** • 프랜차이즈 산업모델 국내 첫선 • 기업형 프랜차이즈 탄생	• 1977년 림스치킨 • 1979년 7월 국내 프랜차이즈 1호점 난다랑(동숭동) • 1979년 10월 롯데리아 소공동
1980년대	**도입 및 성장기** • 패스트푸드 도입에 따라 대기업 외식업진출 • 해외 패스트푸드 프랜차이즈 국내 진출 • 한식 프랜차이즈시작 (놀부보쌈/송가네왕족발/ 감미옥 등) • 88서울 올림픽 개최	• 1982년 페리카나 • 1983년 장터국수 • 1984년 KFC/버거킹/웬디스 • 1985년 피자헛/피자인/베스킨라빈스 • 1986년 파리바게트 • 1987년 투다리 • 1988년 코코스 • 1989년 도미노피자/놀부/멕시카나
1990년대	**성숙기** • 국내 프랜차이즈 기반 구축 • 국내 최초 패밀리 레스토랑 개념 도입 • 1988년 외환위기 • 1989년 (사)한국 프랜차이즈산업협회 설립	• 1990년 미스터피자 • 1991년 원할머니보쌈/교촌치킨 • 1992년 맥도날드/TGIF 사업개시 • 1993년 한솥도시락/미다레/파파이스 • 1994년 데니스/던킨도너츠 • 1995년 베니건스/토니로마스/씨즐러/ BBQ • 1996년 김가네/마르쉐/쇼부 • 1997년 빕스/아웃백스테이크/칠리스/ 우노 • 1998년 쪼끼쪼끼/스타벅스/코바코 • 1999년 BBQ 국내 최초 가맹점 1000호점 달성 • 1999년 (사)한국프랜차이즈협회 설립인가

시대별	구분	주요 브랜드 및 이슈
2000년대	**해외진출 초창기** **일부 업종 포화기** • 국내 외식브랜드 중국, 일본 등 해외진출 가속화 2002년 한일 월드컵 개최 • 치킨프랜차이즈 붐업	• 2000년 미소야, 투다리 중국 청도 진출 • 2001년 퀴즈노스/매드포갈릭/사보텐/ 파스쿠찌 • 2002년 파파존스/본죽, 분쟁조정협의회 설치 • 2003년 프레쉬니스버그/명인만두/ 피쉬앤그릴/BBQ 중국 진출 • 2004년 크리스피크림도넛 • 2005년 뚜레쥬르 중국 진출 • 2006년 토다이, 놀부 일본 진출 • 2007년 BBQ 싱가포르 진출
2010년대	**저성장기** **해외진출 가속화** • 식재료 수급 불안정 • 해외진출 가속화 • 외식업관련 법과 제도 정 비 • 중소기업 적합업종 선정 • 대기업 빵집 사업 철수 • 공정위 모범거래기준안 발 표 • 가맹사업법 추진 • 음식점 금연구역 전면시 행(2015) • 디저트 업종 활성화 • 일본, 유럽 등 해외디저 트브랜드 도입 활발 • 소프트아이스크림, 팥빙 수, 츄러스 등 브랜드 활성화	• 2010년 채선당 인도네시아 진출 • 2012년 파리바게뜨 중국 100호점, CJ푸드빌 해외 100호점 • 2011년 놀부 NBG, 美 모건스탠리PE에 지분 매각, 제스터스, 잠바주스, 망고식스 • 2012년 베코와플, 투뿔등심, 와플트리, 모스버거 • 2013년 바르다김선생, 고봉민김밥, 설빙, 깐부치킨, 이옥녀팥집, 족발중심, 미스터시래기, 고디바, 소프트리 • 2014년 자연별곡, 올반, 계절밥상 등 한식뷔페 • 2015년 11월 미스터 피자 중국 100호점 출점 • 2015년 12월 파리바게트 해외 200호점

<부록> 203

〈표 18〉 시대별 외식브랜드(메뉴)콘셉트의 변화추이

메뉴	시대	외식 브랜드
햄버거	1980~1985	롯데리아, 아메리카나, 빅웨이
면류	1986~1988	장터국수, 다림방, 다전국수, 민속마당, 국시리아, 참새방앗간
양념치킨	1988~1990	페리카나, 처갓집, 림스치킨
보쌈	1990~1992	놀부보쌈, 촌집보쌈, 할매보쌈
우동		언가, 천수, 나오미, 기소야
신개념퓨전 레스토랑		(피자, 햄버거, 아이스크림, 통닭 등 모두 판매) 굿후렌드, 코넬리아, 아톰플라자, 해피타임
쇠고기뷔페	1992~1993	엉클리 외
커피		쟈뎅, 미스터커피, 왈츠, 브레머
피자	1993~1994	시카고피자, 피자헛, 도미노피자
피자뷔페	1994~1996	베네벤토, 아마또, 오케이, 베니토, 카이노스
탕수육		탕수 탕수 외
김밥		종로김밥, 김가네김밥, 압구정김밥
조개구이	1996~1997	조개굽는 마을, 미스조개 열받네, 바다이야기, 조개부인 바람났네
칼국수		봉창이해물칼국수, 유가네칼국수, 우리밀칼국수
북한음식		모란각, 통일의 집, 고향랭면, 발용각, 진달래각
요리주점	1997~1999	투다리, 칸, 천하일품, 대길, 기린비어페스타

메뉴	시대	외식 브랜드
찜닭	1999~2001	봉추찜닭, 고수찜닭, 계백찜닭
참치		참치명가, 동신참치, 동원참치
에스프레소 커피		할리스, 커피빈, 프라우스타, 이디야
돈가스		라꾸라꾸, 하루야, 패밀리언
생맥주		쪼끼쪼끼, 해피리아, 블랙쪼끼, 비어캐빈
아이스크림	2001~2003	레드망고, 아이스베리
회전초밥		스시히로바, 사까나야, 기요스시
하우스맥주		오키스브로이하우스, 플래티늄, 도이치브로이하우스
불닭	2004~2005	홍초불닭, 화계, 땡초불닭
퓨전 오므라이스		오므토토마토, 오므라이스테이, 오므스위트, 에그몽
중저가 샤브샤브		정성본, 채선당, 어바웃샤브
베트남 쌀국수		호아빈, 포베이, 포메인, 포타이

메뉴	시대	외식 브랜드
해물떡찜	2006~2007	해물떡찜0410, 크레이지페퍼, 홍가네해물떡찜
정육형 고깃집	2006~2007	다하누촌, 산외한우마을
저가 쇠고기		아지매, 우스, 꽁돈, 우쌈, 우마루, 행복한 우담
국수	2008~2009	(비빔국수, 잔치국수)망향비빔국수, 명동할머니국수, 산두리비빔국수, 닐니리맘보
일본라멘		하코야, 멘쿠샤, 라멘만땅, 이찌멘
카페	2008~2013	스타벅스, 카페베네, 파리바게뜨
떡볶이	2011~2012	아딸, 죠스, 국대, 동대문엽기떡볶이
샐러드, 집밥	2013~2014	샐러드뷔페, 계절밥상, 자연별곡
디저트카페	2015~2017	몽슈슈, 초코렛바, 빙수 등 디저트

〈표 19〉 업종별 음식점업 현황(2015년 기준)

분류		업체수		종사자수	
		(개)	%	(명)	%
음식점업	한식점업	299,477	65.1	841,125	59.9
	한식점 제외한 총합	159,775	34.9	562,513	40.1
	중국 음식점업	21,503	4.7	76,608	5.5
	일본 음식점업	7,466	1.6	33,400	2.4
	서양 음식점업	9,954	2.2	67,279	4.8
	기타 외국식 음식점업	1,588	0.3	8,268	0.6
	기관 구내 식당업	7,830	1.7	48,000	3.4
	출장 및 이동 음식업	511	0.1	2,620	0.2
	기타 음식점업	110,923	24.2	326,338	23.2
	소계	459,252	100.0	1,403,638	100.0
주점 및 비알콜 음료점업		176,488		420,576	
음식점업(합계)		635,740		1,824,214	

〈표 20〉 사업장 면적규모별 음식점 분포도(2015년 기준)

사업장 면적규모		음식점수(개)	(%)
30㎡ 미만	(9.3평)	75,977	12.0
30㎡~50㎡	(9.3평~15.4평)	131,003	20.6
50㎡~100㎡	(15.4평~30.9평)	271,277	42.7
100㎡~300㎡	(30.9평~92.6평)	135,299	21.3
300㎡~1,000㎡	(92.6평~302.5평)	19,856	3.1
1,000㎡~3,000㎡	(302.5평~907.5평)	2,057	0.3
3,000㎡	(907.5평)	271	0.1
합 계		635,740	100.0

〈표 21〉 종사자 규모별 음식점(주점업포함)

(2015년 기준)

종사자규모	음식점수(개)	(%)	종사자수(명)	(%)
1~4명	559,338	88.0	1,170,619	64.2
5~9명	61,176	9.6	375,014	20.6
10~19명	11,685	1.8	147,249	8.0
20명 이상	3,541	0.6	131,332	7.2
합계	635,740	100.0	1,824,214	100.0

⟨표 22⟩ 년 매출규모별 음식점 및 종사원 분포도

(2015년 기준)

매출규모	음식점수(개)	(%)	종사원수(명)	(%)
50 만원 미만	156,598	34.1	282,449	20.2
50~100만원	150,523	32.8	347,310	24.7
100~500만원	132,474	28.8	503,483	365.9
500~1000만원	15,862	3.4	152,236	10.8
1000만원 이상	4,294	0.9	118,160	8.4
합계	459,252	100.0	1,403,638	100.0

〈표 23〉 음식점업 시도별 현황(2015)

구분	사업체수	사업체수 비중	종사자수	매출액	업체당 매출액	1인당 매출액
전국	635.7	100	1,824.2	79,579.6	125.1	43.6
서울	116.8	18.4	409.1	19,559.5	167.4	47.8
부산	47.1	7.4	135.7	5,921.2	125.6	43.6
대구	31.4	4.9	84.8	3,513.7	112.0	41.5
인천	29.8	4.7	85.1	3,845.9	128.9	45.2
광주	17.1	2.7	50.3	2,163.1	126.3	43.0
대전	18.3	2.9	54.2	2,559.1	140.0	47.2
울산	16.1	2.5	42.9	2,043.7	126.9	47.6
세종	1.6	0.2	4.1	185.2	116.7	44.7
경기	126.7	19.9	387.3	17,754.4	140.1	45.8
강원	29	4.6	68.8	2,521.8	86.9	36.7
충북	22.7	3.6	56.4	2,227.0	98.0	39.5
충남	28.2	4.4	71.8	3,056.2	108.3	42.6
전북	22.7	3.6	60.2	2,202.3	96.9	36.6
전남	25.6	4.0	60.7	2,262.0	88.5	37.3
경북	41.8	6.6	95.6	3,788.9	90.6	39.6
경남	49.9	7.8	125.4	4,906.1	98.3	39.1
제주	10.8	1.7	31.7	1,039.6	96.5	32.8

〈표 24〉 프랜차이즈 산업 주요 3개국 현황

구분	한국(2015년)	일본(2012년)	미국(2010년)
가맹본부 수	3,482	1,281	2,300
가맹점 수	207,068	240,000	767,000
매출액(년)	약 102조	약 22조 287억 엔	1조 달러
고용인원	124만	200~300만	1,740만
외식업 비중	본부 72% 가맹점 44%	외식업 17.5% (매출기준) 외식업 41.8% (본부기준)	외식업 42% 패스트푸드 31%

〈표 25〉 외식 프랜차이즈 현황

구분	외식가맹 본부 수	전체가맹 본부 수	외식가맹점 수	전체가맹점 수
2011	1,309(64%)	2,042	60,268(40.5%)	148,719
2012	1,598(66.4%)	2,405	68,068(39.8%)	170,926
2013	1,810(67.5%)	2,678	72,903(41.3%)	176,788
2014	2,089(70.3%)	2,973	84,046(44.1%)	190,730
2015	2,251(72.4%)	3,482	88,953(45.8%)	194,199

〈표 26〉 국내 프랜차이즈 현황(2015 기준)

가맹본부	가맹점
외식업 72%	외식업 46%
서비스업 19%	서비스업 31%
도·소매업 9%	도·소매업 23%

〈표 27〉 국내 프랜차이즈 현황(2015 기준)

년도	가맹본부 수	가맹브랜드 수	직영점 수	가맹점 수
2010년	2,042	2,550	9,477	148,719
2015년	3,482	4,288	12,869	194,199

〈표 28〉 국내 프랜차이즈 업종별 브랜드 수(단위:개)

년도	전체	외식업	서비스업	도소매업
2011년	2,947	1,942	593	392
2012년	3,311	2,246	631	434
2013년	3,691	2,263	743	325
2014년	4,288	3,142	793	353

〈표 29〉 국내 외식 프랜차이즈 가맹점 수(단위:개)

치킨	한식	주점	피자 · 햄버거
22,529	20,119	10,934	8,542
커피전문점	**제빵 · 제과**	**분식 · 김밥**	**일식 · 서양식**
8,456	8,247	6,413	2,520

〈표 30〉 외식 업종별 신생률(단위:%)

업종	수도권				비수도권
	서울	인천	경기	평균	
한식음식점	7.6	8.1	7.9	**7.8**	7.1
중식음식점	7.5	5.4	8.4	**7.7**	5.3
일식음식점	10.7	6.5	11.1	**10.5**	9.0
경양식음식점	9.9	13.6	11.8	**10.6**	10.8
패스트푸드점	9.4	10.9	12.1	**10.8**	13.4
치킨전문점	10.2	10.8	10.7	**10.5**	10.9
분식음식점	6.4	11.5	11.3	**8.5**	9.9
주점	9.6	8.4	10.2	**9.7**	8.0
커피숍	20.7	22.1	24.7	**22.5**	20.0

〈표 31〉 업종별 활동업체수 증감률(단위:%)

업종	수도권				비수도권
	서울	인천	경기	평균	
한식음식점	-1.3	-0.5	-1.1	**-1.1**	-0.4
중식음식점	0.1	-2.1	0.2	**-0.1**	-1.6
일식음식점	3.3	0.6	3.4	**3.1**	3.3
경양식음식점	1.6	5.7	3.5	**2.3**	2.0
패스트푸드점	-0.7	4.0	5.3	**2.4**	7.0
치킨전문점	1.4	0.9	2.9	**2.1**	3.8
분식음식점	-3.4	0.7	1.4	**-1.4**	1.9
주점	-0.3	0.2	0.9	**0.3**	1.2
커피숍	15.1	20.8	20.7	**18.0**	13.1

〈표 32〉 업종별 5년 생존율(단위:%)

업종	수도권				비수도권
	서울	인천	경기	평균	
한식음식점	55.4	57.0	56.4	**56.0**	61.7
중식음식점	63.5	69.6	61.4	**63.1**	72.2
일식음식점	59.5	50.0	57.3	**58.2**	68.0
경양식음식점	61.4	48.7	59.3	**60.5**	61.2
패스트푸드점	53.0	69.4	60.4	**58.2**	63.9
치킨전문점	61.9	54.7	59.8	**60.0**	63.4
분식음식점	49.9	54.0	49.8	**50.4**	58.0
주점	59.0	63.9	58.2	**59.1**	65.7
커피숍	57.4	64.8	48.7	**54.5**	51.6

〈표 33〉 수도권 업종별 생존기간 10년 미만 비율

업종	수도권(%)				비수도권(%)
	서울	인천	경기	평균	
한식음식점	53.9	50.4	56.7	**54.9**	45.9
중식음식점	47.3	45.2	53.7	**49.9**	37.5
일식음식점	63.5	46.4	62.2	**61.7**	54.0
경양식음식점	59.4	64.5	64.7	**61.2**	56.7
패스트푸드점	78.2	73.8	69.4	**73.7**	62.6
치킨전문점	68.5	69.7	71.6	**70.3**	66.5
분식음식점	43.6	65.7	64.3	**52.7**	57.0
주점	58.8	52.0	61.3	**59.1**	55.3
커피숍	86.5	76.2	84.4	**84.5**	70.3

〈표 34〉 업종별 상주인구기준 포화도 상위 지역

업종	서울	인천	경기
한식음식점	중구(3.6)	옹진군(2.1)	가평군(3.5)
중식음식점	중구(3.5)	중구(2.3)	가평군(2.8)
일식음식점	중구(3.8)	강화군(1.9)	평택시(2.9)
경양식음식점	종로구(2.9)	중구(2.0)	포천시(3.0)
패스트푸드점	강남구(4.7)	중구(1.5)	가평군(3.6)
치킨전문점	중구(2.4)	동구(1.6)	연천군(2.7)
분식음식점	종로구(3.3)	동구(1.9)	연천군(4.0)
주점	마포구(2.4)	부평구(1.3)	구리시(2.5)
커피숍	중구(3.9)	강화군(1.8)	연천군(3.2)

〈표 35〉 2015년 활동업체 현황(단위:개,%)

| | | 전국 | 수도권 | | | | 비수도권 |
			서울	인천	경기	평균	
한식 음식점	개수	289,358	53,092	11,408	58,235	**122,735**	166,623
	증감	-2,015	-680	-56	-623	**-1,359**	-656
	증감률	-0.7	-1.3	-0.5	-1.1	**-1.1**	-0.4
중식 음식점	개수	21,428	4,030	999	3,970	**8,999**	12,429
	증감	-218	4	-21	6	**-11**	-207
	증감률	-1.0	0.1	-2.1	0.2	**-0.1**	-1.6
일식 음식점	개수	12,784	4,844	645	2,499	**7,988**	4,796
	증감	394	155	4	82	**241**	153
	증감률	3.2	3.3	0.6	3.4	**3.1**	3.3
경양식 음식점	개수	27,023	9,463	575	4,141	**14,179**	12,844
	증감	568	148	31	139	**318**	250
	증감률	2.1	1.6	5.7	3.5	**2.3**	2.0
패스트 푸드점	개수	8,283	1,738	366	1,837	**3,941**	4,342
	증감	378	-13	14	93	**94**	284
	증감률	4.8	-0.7	4.0	5.3	**2.4**	7.0
치킨 전문점	개수	36,895	5,745	1,987	8,966	**16,698**	20,197
	증감	1,085	80	18	250	**348**	737
	증감률	3.0	1.4	0.9	2.9	**2.1**	3.8
분식 음식점	개수	41,454	12,075	2,094	7,171	**21,340**	20,114
	증감	73	-423	15	102	**-306**	379
	증감률	0.2	-3.4	0.7	1.4	**-1.4**	1.9
주점	개수	65,775	12,396	3,908	13,941	**30,245**	35,530
	증감	512	-39	6	120	**87**	425
	증감률	0.2	-0.3	0.2	0.9	**0.3**	1.2
커피숍	개수	50,270	11,055	2,446	9,712	**23,213**	27,057
	증감	6,666	1,453	421	1,664	**3,538**	3,128
	증감률	15.3	15.1	20.8	20.7	**18.0**	13.1

⟨표 36⟩ 국내 주요 50개 외식업체 2016년 실적

	법인명	대표브랜드	매출액		
			2016년	증감률	2015년
1	파리크라상	파리바게뜨	1,777,178,739,028	2.86%	1,727,743,711,101
2	CJ푸드빌	빕스	1,250,423,221,494	3.66%	1,206,274,856,583
3	스타벅스코리아	스타벅스	1,002,814,318,251	29.58%	773,900,207,510
4	롯데GRS	롯데리아	948,881,502,698	-1.17%	960,107,706,719
5	이랜드파크	애슐리	805,448,929,846	11.06%	725,259,064,288
6	농협목우촌	또래오래	539,706,247,053	06.05%	574,447,698,787
7	비알코리아	던킨도너츠	508,589,410,709	-2.24%	520,244,187,126
8	교촌에프앤비	교촌치킨	291,134,570,511	13.03%	257,568,343,023
9	비케이알	버거킹	253,165,340,964	-9.10%	278,519,490,955
10	제너시스BBQ	BBQ	219,753,548,128	1.80%	215,859,733,466
11	청오디피케이	도미노피자	210,258,669,230	7.61%	195,397,386,682
12	해마로푸드서비스	맘스터치	201,871,094,029	35.82%	148,630,305,769
13	에스알에스코리아	KFC	177,025,154,533	1.32%	174,724,909,649
14	더본코리아	새마을식당	174,871,404,102	41.18%	123,861,782,375
15	본아이에프	본죽	161,915,426,742	12.99%	143,298,606,904
16	이디야	이디야커피	153,544,611,986	13.30%	135,521,376,709
17	지앤푸드	굽네치킨	146,963,838,585	49.35%	98,403,070,608
18	커피빈코리아	커피빈	146,020,774,483	5.10%	138,938,692,307
19	할리스에프앤비	할리스커피	128,620,870,080	18.45%	108,584,230,041
20	놀부	놀부부대찌개	120,371,880,274	0.61%	119,644,883,536
21	엠피그룹	미스터피자	97,057,713,543	-12.03%	110,334,442,101
22	한솥	한솥도시락	93,450,170,833	8.69%	85,977,883,670
23	탐앤탐스	탐앤탐스	86,904,811,559	-2.09%	88,763,650,721
24	아모제푸드	카페아모제	77,709,476,186	-10.79%	87,021,856,784
25	카페베네	카페베네	76,579,195,280	-30.45%	110,110,201,113
26	토다이코리아	토다이	75,712,432,549	1.81%	74,366,111,820
27	원앤원	원할머니보쌈	75,335,571,616	-1.76%	76,685,431,644
28	디딤	신마포갈매기	65,752,103,510	6.20%	61,915,832,179
29	엔티스	경복궁	64,214,566,518	0.04%	64,191,883,374
30	전한	강강술래	62,605,427,065	16.76%	53,617,791,947

	법인명	대표브랜드	영업이익		
			2016년	증감률	2015년
1	파리크라상	파리바게뜨	66,466,341,645	-2.83%	68,401,992,788
2	CJ푸드빌	빕스	7,612,835,874	-27.61%	10,515,825,667
3	스타벅스코리아	스타벅스	85,263,869,944	80.87%	47,141,285,776
4	롯데GRS	롯데리아	19,265,680,668	43.52%	13,423,529,274
5	이랜드파크	애슐리	-13,042,395,296	적자지속	-18,567,855,117
6	농협목우촌	또래오래	2,388,904,185	-43.58%	4,234,412,263
7	비알코리아	던킨도너츠	40,507,512,902	-21.78%	51,789,190,475
8	교촌에프엔비	교촌치킨	17,697,273,857	16.81%	15,150,420,135
9	비케이알	버거킹	10,753,419,177	-11.41%	12,138,378,984
10	제너시스BBQ	BBQ	19,119,575,719	37.65%	13,889,867,948
11	청오디피케이	도미노피자	26,148,974,238	14.85%	22,763,349,909
12	해마로푸드서비스	맘스터치	17,257,002,377	93.95%	8,897,630,011
13	에스알에스코리아	KFC	-12,262,188,782	적자전환	2,519,865,023
14	더본코리아	새마을식당	19,762,485,462	80.08%	10,974,482,886
15	본아이에프	본죽	9,643,020,060	108.54%	4,624,133,933
16	이디야	이디야커피	15,785,054,983	-3.36%	16,333,174,813
17	지앤푸드	굽네치킨	14,074,334,840	150.02%	5,629,268,870
18	커피빈코리아	커피빈	6,415,508,347	63.97%	3,912,507,369
19	할리스에프앤비	할리스커피	12,733,558,418	85.71%	6,856,590,390
20	놀부	놀부부대찌개	4,471,311,917	71.67%	2,604,572,263
21	엠피그룹	미스터피자	-8,906,726,136	적자지속	-7,258,907,426
22	한솔	한솔도시락	7,537,969,650	-3.90%	7,844,235,483
23	탐앤탐스	탐앤탐스	2,361,398,129	-46.33%	4,399,702,445
24	아모제푸드	카페아모제	-691,750,183	적자지속	-514,452,289
25	카페베네	카페베네	-554,827,454	적자지속	-4,381,991,762
26	토다이코리아	토다이	1,890,163,061	-34.38%	2,880,632,811
27	원앤원	원할머니보쌈	1,906,415,161	28.04%	1,488,921,918
28	디딤	신마포갈매기	5,531,547,756	109.18%	2,644,406,000
29	엔티스	경복궁	3,495,529,796	6.93%	3,268,846,170
30	전한	강강술래	6,253,723,716	156.51%	2,438,038,325

	법인명	대표브랜드	당기순이익		
			2016년	증감률	2015년
1	파리크라상	파리바게뜨	55,101,759,875	6.56%	51,707,226,710
2	CJ푸드빌	빕스	5,213,030,763	흑자전환	-7,399,515,626
3	스타벅스코리아	스타벅스	65,250,646,249	130.68%	28,286,458,919
4	롯데GRS	롯데리아	-11,328,471,862	적자지속	-57,188,774,814
5	이랜드파크	애슐리	-80,415,701,255	적자전환	3,259,340,450
6	농협목우촌	또래오래	176,061,903	-96.06%	4,474,241,678
7	비알코리아	던킨도너츠	35,748,612,156	-17.04%	43,090,305,701
8	교촌에프앤비	교촌치킨	10,333,269,262	48.13%	6,975,624,101
9	비케이알	버거킹	8,041,478,568	-6.98%	8,644,484,103
10	제너시스BBQ	BBQ	5,622,355,657	-25.79%	7,575,978,570
11	청오디피케이	도미노피자	20,886,060,816	15.86%	18,027,199,494
12	해마로푸드서비스	맘스터치	9,295,865,326	52.53%	6,094,487,395
13	에스알에스코리아	KFC	-18,989,243,531	적자전환	1,239,410,933
14	더본코리아	새마을식당	19,246,938,573	176.53%	6,960,110,664
15	본아이에프	본죽	6,541,937,183	666.68%	853,282,435
16	이디야	이디야커피	11,157,627,325	-14.73%	13,085,209,896
17	지엔푸드	굽네치킨	9,051,485,230	98.68%	4,555,730,841
18	커피빈코리아	커피빈	4,274,213,864	68.04%	2,543,614,329
19	할리스에프앤비	할리스커피	9,112,688,828	97.97%	4,603,109,833
20	놀부	놀부부대찌개	34,729,365	흑자전환	-1,185,695,358
21	엠피그룹	미스터피자	-13,169,290,522	적자지속	-5,685,686,269
22	한솥	한솥도시락	5,937,412,411	-6.94%	6,379,860,772
23	탐앤탐스	탐앤탐스	-2,700,843,324	적자전환	1,006,075,983
24	아모제푸드	카페아모제	-2,894,719,809	적자지속	-2,831,863,842
25	카페베네	카페베네	-24,199,662,544	적자지속	-33,998,615,819
26	토다이코리아	토다이	-302,769,030	적자전환	60,192,423
27	원앤원	원할머니보쌈	1,050,809,166	-46.68%	1,970,922,444
28	디딤	신마포갈매기	3,882,856,783	206.73%	1,265,883,943
29	엔티스	경복궁	870,450,996	62.51%	535,619,685
30	전한	강강술래	4,044,752,337	204.26%	1,329,361,651

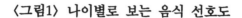

〈그림1〉 나이별로 보는 음식 선호도

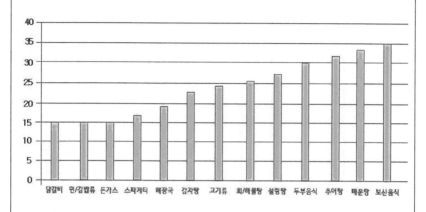

〈표 37〉 외식장소 선택기준

연도	식당 선택기준
1985년	가격, 맛, 위생
1990년	맛, 청결, 가격
1995년	맛(87.1%), 서비스(4.6%), 분위기(4.4%)
2000년	맛(77%), 서비스(37.4%), 분위기(32.7%)
2005년	맛(72.3%), 가격(15.5%), 양(4.4%)
2010년	맛(71.2%), 분위기(10.2%), 교통(8.4%)
2015년	맛(82.6%), 분위기(25.2%), 교통(21.3%)
2017년	맛(77.3%), 분위기(7.1%), 가까운 위치와 교통(6.8%)

〈표 38〉 상권별 특징

구분	특징
오피스	- 말, 저녁 공백. - 직장인 상권의 경우 짧은 이동을 선호하는 경향이 강하여 어디에 입지하는가가 중요함. - 따라서 오피스 이면 유동인구가 많은 곳이 상대적으로 유리. - 직장인을 목표시장으로 하는 만큼 규모를 크게 하고 현대화된 환경으로 창업하는 것이 유리.
역세권	- 영업시간이 상대적으로 길고 자영업자의 피로도가 큼. - 24시간 성황, 주말 유입인구가 크고 업종이 다양하며 유흥성향이 상대적으로 강한 상권 곱창전문점은 B급지에 입지하는 것이 적당,
대학가	- 찾아다니며 소비하는 성향이 강해 상권이 넓게 형성. 따라서 입지 선택의 여건이 상대적으로 양호.
주택가	- 평일 공백 - 가족단위 소비자를 유입할 수 있는 환경을 구축하는 것이 필요
전문 쇼핑가	- 업종별 군집형태로 상권 발달 - 쇼핑가 자영업자를 목표시장으로 전문상가 인근에 입지

〈표 39〉 보쌈전문점 최적의 상권입지

적합상권 유형		장·단점
제1후보지 주택가 진입로변상권	장 점	보쌈전문점 주 수요층의 접근성이 좋은 대단위 주택가 진입로 변 1층 매장이 가장 적합하다.
	단 점	주택가 상권의 경우 직장인 수가 적다. 점심 매출이 기대만큼 나오지 않을 수 있다.
제2후보지 아파트 주거지역	장 점	거주밀집지역의 틈새상권도 좋다. 배달을 전문으로 하는 소규모 업체라면 적극 추천한다.
	단 점	틈새 입지개발이 쉬운 일이 아닌 만큼 단골을 만들기 위한 노력이 필요하다.
제3후보지 역세권, 오피스밀집 상권	장 점	직장인 유동인구가 많은 역세권이나 오피스밀집상권, 먹자상권은 어떤 아이템이 들어가도 반은 먹고 들어갈 수 있다.
	단 점	보증금, 월세, 권리금이 높아 매출은 높으나 수익성이 떨어질 수 있다.

〈표 40〉 장어전문점의 최적 상권입지

제1후보지 사무실 밀집지역 및 도심 오피스상권 먹자골목		제2후보지 도심외곽 관광지 및 강변상권		제3후보지 주택가로 이어지는 대로변	
장점	단점	장점	단점	장점	단점
주택가 상권보다는 관공서 주변상권과 회식 수요가 있는 사무실 밀집지역이 적합하다. 30~50대 남성들의 분포가 많은 지역이라 장어의 수요가 많다.	직장인들을 대상으로 하는 저렴한 가격의 점심 메뉴를 개발해야 한다. 주5일 근무로 주말 매출이 저조할 수 있다.	장어 전문점은 보양식품이라는 인식이 크기 때문에 도심 한가운데보다 외곽지역에서 장어를 찾는 사람들이 많다. 임진강 일대, 고창 선운사 일대, 남양주 운길산역 일대가 장어타운이 형성된 이유다.	주말고객층과 평일 고객층의 편차가 크다는 점이다. 수도권 상권의 경우 평일 접근성이 높은 지역 선정이 중요하다.	장어전문점 특성상 주택가 진입로 대로변 매장이 관건이다. 눈에 띄는 입지가 목적 구매고객을 공략할 수 있다.	평일 낮 매출을 담보하기 어렵다. 주부들의 계모임이나 동네의 크고 작은 행사를 유치하는 등 매출증대를 위한 전략을 세울 필요가 있다.

〈표 41〉 갈비 전문점의 최적의 상권입지

적합상권 유형		장·단점
제1후보지 (대단위 아파트 상권 내 외식상권)	장점	갈비 전문점의 주 수요층이라고 할 수 있는 주부·가족단위고객을 공략하는 데는 1만 세대 이상이 거주하는 아파트상권이 적합하다
	단점	아파트상권의 경우 분양가 거품으로 인해 점포임대가가 높기 때문에 자칫 투자 수익률이 떨어질 수 있는 위험성이 있다.
제2후보지 (주택가상권 대로변 입지)	장점	갈비 전문점은 대형화 전문화 바람을 타고 있는 아이템이다. 가시성과 접근성이 좋은 주택가 상권 진입로 대로변을 추천한다. 대형매장을 공략한다면 지역의 랜드마크 역할을 하면서 안정 수익을 확보할 수 있다.
	단점	대형 매장의 경우 점포구입비와 점포 시설투자비가 높다. 초기투자 비용이 상당하므로 쉽사리 진행하기 어렵다.
제3후보지 (역세상권 내 먹자골목)	장점	지속적인 안정 수요층을 확보하는 데는 역세상권의 먹자골목도 나쁘지 않다.
	단점	먹자골목 내의 경쟁점포가 많기 때문에 자칫 먹자골목 경쟁우위를 점유하지 못한다면 상권 내 경쟁구도에서 밀려날 수 있는 위험성이 높다.

〈표 42〉 닭갈비 전문점, 대학가·먹자골목 최적의 상권 입지

적합상권 유형		장·단점
제1후보지 (지하철역 인근 먹자골목)	장점	지하철역 인근 먹자골목이나 중심상가 이면도로는 닭갈비 전문점의 최적 입지다. 내부가 들여다보이는 1층 매장이면 더욱 좋다. 우선 유동인구가 많고, 저녁모임이 많이 이루어지는 곳이라 소모임이나 회식수요가 많다.
	단점	주 영업시간이 밤이기 때문에 늦은 시간까지 영업을 해야 한다. 체력이 뒷받침되지 않으면 운영에 차질을 빚을 수 있다.
제2후보지 (대학가 주변)	장점	닭갈비에 대한 선호도가 가장 높은 계층이 모이는 지역이다. 맛과 서비스에 관리를 잘하면 단골손님 확보가 용이하다.
	단점	점포 구입단계에서 투자비용이 높다. 물건을 구하기도 쉽지 않다. 어설프게 접근하면 손해만 볼 확률이 높다.
제3후보지) (사무실주변 유동인구 많은 곳)	장점	직장인들의 모임 장소로 콘셉트를 잡는 게 중요하다. 점심메뉴를 개발해 점심영업을 기대 할 수 있다.
	단점	주말 매출을 기대하기 어렵다. 저녁 매출이 중요한 업종이지만, 퇴근시간대 매출이 생각만큼 나오지 않을 가능성도 있다.

관통도로와 교통량에 따른 매출

관통도로란 시 경계선에서 시내와 시외를 연결하는 주요 도로를 말한다. 적은 자본으로 음식 장사로 한몫 잡고 싶다면 이들 관통도로의 교통량을 분석하는 것이 좋다. 국내에는 도시 크기가 매우 크고 근처에 거대 위성 도시를 끼고 있어도 관통도로에 하루 20만대가 넘는 교통량을 보이는 지역이 없다. 그럼 관통 도로의 교통량이 대강 어느 정도이면 음식점의 장사가 잘되는 것일까?

교통량이 많이 발생하는 관통 도로에는 도로를 따라 여러 개의 핵심 상권이 자생하고 있다. 음식점을 이 핵심 상권에 입점시키는 것도 좋은 방법이지만 건물 임대료가 비싸다. 이럴 경우에는 교통량을 믿고 대로변에 음식점을 입점시키는 것도 생각해볼 만하다. 남태령 고개를 예로 들어보면, 남태령 고개는 경기도 과천과 서울 사당동을 연결하는 고개 이름이다. 이 고개를 따라 서울 방향으로 발전한 상권이 사당동 역세권이다. 그 밑으로는 방배동 상권이 있다. 예전에는 시계를 연결하는 단순한 도로에 불과했으나 서울 외곽에서 서울 시내로 출퇴근하는 사람들이 많아지면서 사당동은 대형 상권으로 발전하였다.

관통 도로와 같은 대로변에 음식점을 입점시킬 때는 하루 평균 5만 대 정도의 교통량이 발생하는 도로로 생각해볼 만하다. 5만 대 수준이면 대강 맛이 있거나 분위기가 있는 요식업소라면 매출이 일정 이상으로 발생한다.

그렇다면 교통량 계산은 어떻게 하나? 어떤 한 지점의 교통량은 일반적으로 출근이 시작되는 아침 7시를 전후로 해서 늘어나기 시작한 뒤 8시부터 9시 사이가 그날의 최고 피크 타임이 된다. 그런 뒤 교통량이 일정 수준으로 계속 유지되다가 오후 퇴근 시간이 되자 교통량이 다소 늘어났다가 새벽 1시면 현저하게 줄어든다는 공통점이 있다.

즉 아침 9시대에 피크를 이루고 점심을 전후로 약간씩 줄어들었다가 저녁 퇴근 시간대에 다시 피크를 이룬 뒤 새벽 1시까지 천천히 감소하다가 새벽 1시를 넘으면 현저하게 줄어든다. 이로 인해 아침 피크 시간대의 교통량과 교통량이 제일 적은 새벽 4시경의 교통량은 3배에서 5배 정도의 차이가 발생한다.

교통량 조사 방식

관통 도로에서의 교통량은 오전(07~09시), 점심(11~14시), 퇴근 시간(17~19시) 사이에 측정한다. 새벽 1시부터 아침 7시까지의 교통량은 피크 타임의 3분의 1로 계산한 후 평균을 잡으면 하루 교통량의 윤곽이 대강 잡힌다.

일반적으로 주거 지역에서는 21시~23시 사이에 교통량이 점차 줄어들지만, 심야 영업이 활발한 지역은 21시~23시경에 다소 교통량이 늘어나는 특징을 가지고 있다. 따라서 술집을 창업하려면 그 지역(먹자골목 등)의 밤 21시부터 23시까지의 교통량을 측정하는 것이 좋다. 만일 21시를 기준으로 시간당 교통량의 유입 유출 합계가 3천대 이상이라면 그 지역은 심야 상권이 활발한 지역이라고 볼 수 있다.(밤 9시부터 10시까지 3천대 이상의 유동량을 보이는 도로라면 그 도로는 교통 정체가 상당히 심한 도로라고 말할 수 있다.)

〈표 43〉 서울의 관통 도로 교통량

도로 명	교통량(대)
양재대로	약 13만
시흥대로	약 12만
하일동	약 10만
남태령	약 9만
통일로	약 9만
도봉로	약 7만 9천
망우리	약 7만 7천
복정 검문소	약 6만
서하남	약 6만
서오릉	약 4만

창업할 수 있는 외식업 종목

한정식 전문점/ 산채요리 전문점/나물요리 전문점/ 약선요리 전문점/ 궁중요리 전문점/ 사찰음식 전문점/ 한식당/ 한식배달 전문점/ 생선구이백반 전문점/ 연탄구이백반 전문점/ 우렁된장 전문점/ 대통밥 전문점/ 중화요리 전문점/ 중화요리 뷔페/ 테이크아웃 중화요리 전문점/ 중화요리 패밀리 레스토랑/ 기사식당/ 5,000원 기사식당/ 돼지김치찌개 전문 기사식당/ 해물탕 전문 기사식당/ 연탄구이 기사식당/ 일식집/ 활어횟집/ 장어 전문점/ 초밥 전문점/ 퓨전초밥 전문점/ 회전초밥 전문점/ 일본음식 전문점/ 보쌈 전문점/ 부대찌개 전문점/ 수제 부대찌개 전문점/ 빈대떡 전문점/ 족발 전문점/ 닭갈비 전문점/ 찜닭 전문점/ 바비큐 치킨 전문점/ 통닭 전문점/ 닭볶음탕 전문점/ 삼계탕 전문점/ 죽 전문점/ 덮밥 전문점/ 비빔밥 전문점/ 돌솥밥 전문점/ 가마솥밥 전문점/ 철판볶음밥 전문점

참치회 전문점/ 꽃게탕 전문점/ 해물탕 전문점/ 민물새우 전문점/ 낙지요리 전문점/ 랍스타 전문점/ 조개구이 전문점/ 꼬치구이 전문점/ 밴댕이요리 전문점/ 올갱이국 전문점/ 돼지갈비 전문점/ 삼겹살 전문점/ 생고기 전문점/ 연탄불고기 전문점/ 화로 숯불고기 전문점/ 한우 전문점/ 떡볶이 전문점/분식 전문점/ 만두 전문점/ 즉석김밥 전문점/ 카레요리 전문점/ 수제어묵 전문점/ 수제 햄버거 전문점/ 수제핫도그 전문점/ 호두과자 전문점/ 왕만두 전문점/ 멸치국수 전문점/ 잔치국수 전문점/ 회국수 전문점/ 막국수 전문점/ 우동 전문점/ 라면 전문점/ 칼국수 전문점/ 손칼국수 전문점/ 콩칼국수 전문점/ 바지락 칼국수 전문점/ 수제비 전문점/ 닭수제비 전문점/ 퓨전음식 전문점/ 일식돈가스 전문점/ 바비큐 전문점/ 샤브샤브 전문점/ 버섯요리 전문점/ 두부요리 전문점/ 두루치기 전문점/ 보리밥 전문점/ 쌈밥 전문점/ 떡갈비 한정식 전문점

추어탕 전문점/ 매운탕 전문점/ 동태탕 전문점/ 감자탕 전문점/ 영양탕 전문점/ 오리요리 전문점/ 설렁탕 전문점/ 해장국 전문점/ 뼈다귀 해장국 전문점/ 콩나물 해장국 전문점/ 소해장국 전문점/ 카페/ 락카페/ 북카페/ 룸카페/ 커피숍/ 룸커피숍/ 테이크아웃 커피 전문점/ 보드게임 카페/ 막걸리 전문점/ 연탄불 생선구이 주점/ 일본식 주점/ 퓨전 주점/ 연탄불 안주 주점/ 철판요리 주점/ 포차 주점/ 맥주 전문점/ 세계맥주 전문점/ 호프 전문점/ 소주방/ 단란주점/ 룸살롱/ 노래방/ 비즈니스 바/ 웨스턴 바/ 칵테일 바/ 마술쇼 바/ 모던 바/ 클럽/ 제과점/ 떡 전문점/ 피자 전문점/ 파스타 전문점/ 스파게티 전문점/ 이태리요리 전문점/ 프랑스요리 전문점/ 터키요리 전문점/ 베트남쌀국수 전문점/ 양꼬치 전문점/ 말고기 전문점/ 북한음식 전문점/ 외국음식 전문점/ 패스트푸드/ 패밀리 레스토랑/ 샐러드 레스토랑/ 해물 뷔페/ 고기 뷔페/ 가든형 음식점/ 반찬집/ 1만원 고기안주 주점/ 1만원 해산물안주 주점/ 무한리필 안주 주점/ 무한리필 음식 전문점/ 무한 토핑 주점

〈표 44〉 추정소요자금 계획

과목	금액	비고
1. 매출액	0	서비스매출 + 상품매출
1) 서비스	0	(서비스매출)
2) 상품매출	0	(상품 또는 음식 판매 매출)
2. 매출원가	0	상품의 원가
3. 매출이익	0	매출액 - 매출원가
4. 판매관리비	0	
1) 급료	0	직원급여, 사업자급여
2) 복리후생비	0	직원복리후생, 4대보험, 식대 등
3) 임차료	0	임차료
4) 수도광열비	0	전기세, 수도세, 가스 등
5) 통신료	0	전화, 인터넷, 휴대폰
6) 수수료	0	세무대행료, 신용카드 수수료, 정수기, POS 등
7) 소모품비	0	1회용품, 청소용품, 주방용품
8) 감가상각비	0	취득원가-잔존가치/내용연수
9) 광고비	0	전단지, 홍보비 등
10) 기타경비	0	
5. 영업이익	0	매출이익 - 판매관리비
6. 영업외 비용	0	
1) 지급이자	0	대출금은행이자
7. 영업외 수익	0	이자수익 등
8. 경상이익	0	영업이익 - 영업외비용 + 영업외수익
9. 세전순이익	0	경상이익 - 특별손실 + 특별이익
10. 세금	0	1년 부가가치세, 소득세/12개월
11. 순손익	0	세전순이익 - 순이익

매출액 추정과 투자 수익률 분석
매출액 추정 방법 1개월 동안의 수익 X 12개월 = 적정 권리금
월 매출액 통행인구수 X 내점률 X 1인구매단가(객단가) X 월간 영업일수

〈표 45〉 투자수익률 및 투자회수기간 판단 기준

사업성 판단기준	투자수익률	투자비회수기간
매우 우수	4.3% 이상	2년 이내 회수
우수	3~4.2%	2~3년 회수
보통	2.2~3%	3~4년 회수
불량	2.1% 미만	4년 이상 회수

〈표 46〉 입지 후보지 선정

1	업종(목적)분석	아이템의 소비시간, 소비수준, 소비층, 소비행동, 경쟁점, 보완점을 분석한다.
2	유사업종군집화	소비패턴과 소비특성 등이 유사한 업종을 군집화한다.
3	1차 지역선정	군집화된 업종의 환경 조사
4	적합도 분석	상권과 업종의 적합도와 경쟁점과 보완점을 조사한다.
5	2차 후보지선정	적합도가 높으며, 임대조건 등이 좋은 지역 선정
6	변화요인 분석	도시계획, 공급률 등을 조사하여 미래변화요인을 조사한다.
7	타당성 분석	추정손익, 투자대비, 수익률 등 사업타당성을 분석한다.
8	최종	최종 결정

〈표 47〉 환경 분석(3C 분석)

3c	분석 내용	전략 방향
Customer	- 상권 반경 1km 내 - 배후세대를 주택가로 두고 있는 2종 근린생활 상권 - 30~40대 매니아층, 가족 수요 상존 - 31,500세대, 88,700명(주택 80%)	양질의 제품 확보 정당한 가격 정책
Company	- 기능적 능력의 확보 - 공급자 확보 - 20년 이상 거주로 잠재 수요 확보	제품의 질 유지
Competitor	- 경쟁점포 7개소(곱창 6, 양구이 1) - A급 경쟁점포 1개 - 경쟁점 대비 차별화 요소 약함 - 기존 점포의 고객 충성도 높음	양심의 제품 공급과 마케팅으로 새로운 맛집으로 부상

〈표 48〉 사업 방향의 설정

구분	사업 방향 설정
목표고객	- 상권 내 30~40대 - 배후세대 가족 고객
핵심경쟁력	- 기술적 능력 - 양질의 제품에 대한 지속적인 제공능력
실행방안	- 독산동 내장 도매상과의 협업 - 블로그 운영 - 스토리텔링에 의한 고객충성도 고취
업종현황 및 전망	- 공급이 한정적이고 손질에 어려움이 있는 반면, 매니아층을 중심으로 수요가 꾸준하여 향후 전망 또한 안정적임.

〈표 49〉 시설계획

인테리어 컨셉	-젠 스타일 추구로 유행을 타지 않으면서 안정감 추구 -가족 고객을 위한 편안한 테이블 셋팅 -배연 시설에 중점			
시설 계획	-동선을 고려한 설계 -주방면적, 홀 면적, 테이블 수, 마감재 기재 철거, 목공, 전기, 조명, 마감 계획의 구체화 -간판 디자인			
시설 자금	품명	수량(m²)	3.3m² 당 단가	금액
	인테리어(홀)	66	800,000	16,000,000
	인테리어(주방)	19	400,000	2,000,000
	잡기 비품 등			5,000,000
	간판 외			2,000,000
	합계			25,000,000

〈표 50〉 구매계획

구매전략	-독산동 내장 소매상 2곳 이상 확보 -세금계산서 수취가 가능한 식자재 업체 확보 -결제조건, 반품 조건 등을 명확히 함. -집기 비품 구매 목록표 작성					
	구입품명	**구입처**	**거래조건**	**연락처**	**금액**	**비고**
식자재	곱창, 양깃머리 외					
	식자재					
	주류					
집기/비품	주방 용품					
	홀 용품					

〈표 51〉 판매계획

	메뉴명	**수량(g)**	**단가**	**금액(일)**	**비고**
판매계획	곱창	200	15,454	772,700	부가세 별도
	양깃머리	200	20,000	200,000	
	곱창모둠	200	13,636	272,720	
	염통	200	9,090	45,450	
	간, 천엽		4,545	22,725	
	주류		2,727	149,985	
	합계			1,463,580	

〈표 52〉 원가계획

매출원가	원부자재	소요량(일)	구입단가	금액	비고
	곱창	1보			
	양깃머리	2kg			
	막창	1보			

〈표 53〉 인력 및 인건비 계획

직책	인원	급여	총액	비고
실장(주방/홀)	2	1,600,000	3,200,000	
직원(홀)	2	1,400,000	2,800,000	
보조(주방)	1	800,000	800,000	
합계	5	3,800,000	6,800,000	

〈표 54〉 소요자금 및 조달계획

구분		내역	금액	산출근거
소요자금	시설자금	임차보증금	40,000,000	임대차계약서
		권리금	20,000,000	권리양도계약서
		인테리어비	20,000,000	견적서
		집기 비품	5,000,000	견적서
		소계	85,000,000	
	운영자금	운영자금	25,000,000	매출계획의 약 65%
		소계	25,000,000	
	합계		110,000,000	
조달계획	자기자금	현금/예금	70,000,000	통장
		소계	70,000,000	
	타인자금	은행대출	10,000,000	
		정책자금	30,000,000	창업자금
		소계	40,000,000	
	합계		110,000,000	

〈표 55〉 손익계획

과목	금액		산출근거
1.매출액		39,516,000	매출계획(27일영업일)
2.매출원가		15,806,000	(40%)
3.매출이익		23,710,000	
4.일반관리비		13,875,000	(가~자 합계액)
가.급료	6,800,000		인력계획 참조
나.임차료	5,060,000		
다.관리비	600,000		
라.수도광열비	400,000		
마.통신비	50,000		
바.복리후생비	250,000		
사.광고선전비	100,000		
아.잡비	200,000		
자.잠가상각비	415,000		
5.영업이익		9,835,000	
6.영업외비용		100,000	
가.지급이자	100,000		약 25%
7.영업외수익			
8.경상이익		9,735,000	

〈표 56〉 곱창이야기 수익성

구분	15평(49.5m)	30평(99.1m)
테이블수	일일 2회 기준 테이블수X테이블단가40,000 ▶360,000X2회 ▶720,000	일일 2회 기준 테이블수18X테이블단가40,000 ▶720,000X2회 ▶1,440,000
예상매출	일일 2회 기준 테이블수X테이블단가40,000 ▶360,000X2회 ▶720,000	일일 2회 기준 테이블수18X테이블단가40,000 ▶720,000X2회 ▶1,440,000
예상월매출	영업일30X일매출→ 21,600,000	영업일수30X일매출→43,200,000

〈표 57〉 곱창이야기 창업비용

구분	15평	30평	내용
월매출	21,600,000	43,200,000	
매출원가	8,610,000	17,280,000	원재료+식자재+주류+야채류
건물임대료	2,600,000	4,000,000	임대료/관리비
인건비	4,000,000	7,000,000	15평 주방1 홀2 4,000,000 30평 주방1 홀4 7,000,000
전기,가스 공과금	1,000,000	2,000,000	전기,수도,가스,공과금 등
잡비	500,000	1,000,000	기타 소모품 및 식대
소계	16,140,000	31,280,000	
영업이익	5,460,000	11,920,000	원매출-지출경비(소계)

〈표 58〉 한식당 창업비용의 예

구분	내용	20평	30평	40평	50평	60평	70평
가맹비	브랜드 사용권, 지역독점부여권, 조리교육, OPEN지원 3일	500	500	500	500	500	500
교육비	경영, 조리, 매뉴얼제공, 본사 노하우제공, 조리교육 3일	200	200	200	200	200	200
인테리어	목공사, 전기공사, 설비공사, 도장공사, 유리, 도배, 주방, 바닥 시공, 조명, 덕트 등 일체포함	3,000	4,500	6,000	7,500	9,000	10,500
주방기기	냉장고 및 냉동고, 간택기, 육수냉장고, 싱크대,찬 냉장고, 작업대, 밥솥, 컵소독기, 스텐선반, 홀싱크대, 상부선반, 초벌대	37	37	37	37	37	37
주방 및 홀 집기	그릇 및 주방집기, 기물, 홀 집기, 앞치마, 전자레인지, 믹서기, 보온고 등	30	30	30	30	30	30
판촉 및 홍보	명함, 빌지패드, 라이터, 메뉴판, 전단지, OPEN현수막, 유니폼(홀, 주방), 오픈행사도우미 2명 외 등	250	250	250	250	250	250
본사지원품목	주류냉장고, 냉동고, 냉각기 및 주류비품 일체, 가스설비시공 (단, 도시가스 제외)						
창업자금지원	무이자, 무담보, 1,000만원부터 최고 5,000만원 까지 가능 (지역 상권, 평수에 따라 차이가 날 수 있음)						
합계		4,017	5,517	7,067	8,567	10,067	11,567

사업자등록증 발급을 위한 행정 절차	
권리금 산정방식	① 신규 위생교육 ② 보건증 발급 ③ 영업신고증 신청 ④ 사업자등록증 신청 ⑤ 보험 가입

〈표 59〉 일반음식점과 휴게음식점 비교

일반음식점	휴게음식점
음식물의 조리 및 판매와 더불어 음주행위가 허용되는 호프집, 한식, 경양식 등	음식물의 조리 및 판매는 가능하나 음주행위가 허용되지 않는 커피숍, 빵집 등

⟨표 60⟩ 일반과세와 간이과세 비교

구분	일반과세사업자	간이과세사업자
매출액	연간매출액 4,800만원 이상	연간매출액 4,800만원 미만
납부세율	공급가액의 10% 부가가치세로 납부	업종별 부가세율을 고려한 세율부과(공급가액의 1.5~4%)
세액공제	매입세액 전액	매입세액의 15~40%
세금계산서	세금계산서 발행과 매입의 의무	세금계산서 발행 불가
예정고지 여부	예정신고기간에 대해 예정신고 또는 예정고지에 의한 징수 원칙	예정신고 및 예정고지 없음
비고		과세기간 매출액이 1,200만원 미만인 경우 부가가치세 면제

〈표 61〉 주요 소셜커머스 사이트 및 연락처

소셜커머스 업체	도메인	연락처
쿠팡	www.coupang.com	1577-7011
티켓몬스터	www.ticketmonster.co.kr	1544-6240
위메이크 프라이스	www.wemakeprice.com	1588-4763
그루폰코리아	www.groupon.kr	1661-0600
지금샵	www.g-old.co.kr	070-4077-4770
슈팡	www.soopang.co.kr	1600-2375
소셜비	www.sociabee.co.kr	1588-5908
달인쿠폰	www.dalincoupon.com	1666-9845

〈표 62〉 온라인마케팅의 하나인 소셜미디어 활용

		블로그	SNS	위키	UCC	마이크로 블로그
사용목적		정보공유	관계형성, 엔터테이먼트	정보공유, 협업에 의한 지식 창조	엔터테이먼트	관계형성, 정보공유
주체:대상		1:N	1:1 1:N	N:N	1:N	1:1 1:N
사용환경	채널 다양성	인터넷 의존적	인터넷환경, 이동통신환경	인터넷 의존적	인터넷 의존적	인터넷환경, 이동통신환경
	즉시성	사후기록, 인터넷 연결시에만 정보 공유	사후기록, 현재시점 기록, 인터넷/이동통신 연결 시 정보공유	사후기록, 인터넷 연결시 창작/공유	사후제작, 인터넷 연결시 콘텐츠 공유	실시간 기록, 인터넷/이동통신 연결 시 정보공유

〈표 63〉 연간 판매촉진 전략

월별	행사	이벤트 기준 및 판촉활동
1	시무식, 신년회, 설날, 대입합격축하회	POP부착, 새해선물(식사권, 할인권 등)을 연하장에 넣어 DM발송, 내점고객 선물 증정(복주머니, 복조리 등)
2	입춘, 봄방학, 졸업식, 환송회	졸업축하 이벤트, 발렌타인데이 특별 디너세트 판매(꽃, 샴페인증정, 초콜릿), 봄맞이 환경처리 실시, 현수막 부착, DM발송(리스트 입수), 정월대보름 오곡밥 축제
3	입학식, 환영회, 대학개강 파티	입학식, 환영회(행사유치를 위한 사전 홍보활동 및 선물제공), 화이트데이 이벤트 실시, 봄 샐러드 축제와 꽃씨제공
4	봄나들이, 한식, 식목일	신 메뉴 개발, DM, 각종 차량에 안내장 부착
5	어린이 날, 어버이 날, 스승의 날, 성년의 날	어린이날 특선메뉴 및 기념품 제공, 가정의 달 효도대잔치(카네이션, 기념사진 등), 독거 소년·소녀와 노인 초청 행사, 서비스 콘테스트 실시, 광고 등
6	각종 체육회, 현충일	국가 유공자 가족 초대회(할인행사)

월별	행사	이벤트 기준 및 판촉활동
7	여름보너스, 휴가, 초중고 방학	DM, 여름철 특선 메뉴 실시(빙수, 생과일 쥬스, 호프, 야외 바베큐파티 등), 삼복더위 축제
8	여름휴가, 초중고 개학	한여름 더위를 식힐 화채 개발 시식 및 각종 우대권 제공
9	대학개학, 초가을레저, 추석	도시락 개발, 행락철에 T/O
10	운동회, 대학축제, 결혼러시, 단풍놀이 행락객	가을미각축제, 과일축제, 송이축제, 전어축제, DM발송
11	학생의 날, 취직, 승진축하	찜요리 축제, 입시생을 위한 특선메뉴(건강식), 송년회 및 회식안내(DM)
12	송년회, 겨울방학, 겨울레저, 첫눈	크리스마스카드 및 연하장 발송(할인권), 점내 POP부착
기타	단골고객의 날 이벤트 개최, 생일 축하, 월 시식일 등	고객관리, 선물 또는 무료 식사권 제공

일일 매출 규모별 적정 관리 내역

(1) 하루 매상 40만원-창업 실패한 업소

한 달 총매출 : 40만원 x 30일 = 1,200만원

재료비(30%~35% 안팎) : 450만원 안팎

임대료&공과금&인건비(35%~40% 안팎) : 500만원 안팎

순이익률(22%~30%) : 250만원 ~ 350만원(사장이 주방이나

매장일을 하는 상태)

(2) 하루 매상 60만원-평균 성적을 거둔 업소

한 달 총매출 : 60만원 x 30일 = 1,800만원

재료비(30%~35% 안팎) : 600만원 안팎

임대료&공과금&인건비(35%~40% 안팎) : 700만원 안팎

순이익률(23%~32%) : 400만원 안팎(사장이 주방이나 매장

일을 절반 정도 하는 상태)

(3) 하루 매상 150만원-대박 아닌 중박을 이룬 업소

한 달 총매출 : 150만원 x 30일 = 4,500만원

재료비(30%~35% 안팎) : 1,600만원 안팎

임대료 & 공과금 & 인건비(35%~40% 안팎) : 1,700만원 안팎

순이익률(25%~33%) : 1,200만원 안팎

(4) 하루 매상 30만원~40만원 일 경우-폐업 갈림길의 음식점

　말 그대로 입에 풀칠하고 있는 상황에서 사업을 접지도 못하는 상황인 음식점을 말한다. 수입이 적기 때문에 사장이 직접 주방일을 할 수밖에 없다. 인건비 지출을 줄여야 하므로 종업원은 1~2인만 고용할 수 있는 상태다. 종업원 1인 고용 시 매장을 전부 담당하지 못하므로 사장 부인이 주방일도 거들고 매장일도 거드는 상황이 된다. 이렇게 되면 부부가 힘들어 지게 되고, 부인의 바가지 지수는 높아지며 이때쯤 되면 음식점 장사에 대해 체념하게 된다.

　이런 점포는 십중팔구 1년 안에 문을 닫게 되거나, 코가 꿰인 상태로 어쩌지도 못하고 사업을 하는 상태가 지속된다.

하루 평균 매상 30만원 이하이면 이건 동네에서 관심조차 받지 못하는 음식점이란 뜻이고, 맛없는 집이거나 망해가는 음식점이라는 뜻이다. 다시 말해 동네 손님은 없고, 아주 소수의 단골손님과 우연히 걸려든 뜨내기손님을 받는 업소이다.

5천만원 이하 소자본 창업을 하면서 준비를 제대로 하지 않으면 이런 일이 쉽게 발생한다. 가장 큰 이유는 업종 선택이 잘못되어서이거나, 맛이 없어서이다. 이런 경우 1일 매상 폭의 변동이 매우 심한데 이것은 고객들에게 안 가도 되는 음식점으로 각인됐다는 뜻이다. 창업 15일이 지나도 하루 평균 매상이 30만 원 이하이면 바로 업종 변경을 해야 한다. 만일 밥집이었다면 술을 취급할 수 있는 업종으로 변경을 시도하면 매상을 더 올릴 수 있다.

(5) 하루 매상 60만원 일 경우-생활 유지형 음식점

하루 매상 60만원이라면 월수입이 400~500만원 정도이므로 집에 생활비를 가져갈 수 있고 음식점 경영 목적으로 자동차를 자유롭게 운용할 수 있는 상태이다. 자동차는 더 싼 식재료를 사러 다니는 용도로 사용한다. 우리 주변에서 볼 수 있는 평범한 음식점들보다는 좋은 실적이므로 일단 '맛' 은 어느 정도 인정받은 집이라고 할 수 있다.

일을 할 때 가끔 자기 일이 행복하다는 생각이 들기도 하고 불행하다는 생각이 들기도 한다. 부부는 일심동체로 사업을 키우기 위해 더 열심히 노력하는 상태가 된다. 건물 임대료에 따라 다르겠지만 종업원은 1~2명 정도 고용할 수 있고 부부 중 한 사람이 주방을 맡아 인건비 부담을 줄일 수 있다.

그런데 이 경우가 가장 위험하다. 당장 먹고사는 방법이 마련되어 있으므로 가끔 행복지수가 올라가기는 하는데, 유명 맛집이 아닌 한 음식점의 매상은 세월이 흐를수록 떨어지기 마련이다. 예를 들어 옆집에 더 근사한 음식점이 들어오면 바로 타격이 온다는 뜻이다. 하지만 기존 단골이 있으므로 바로 매상이 떨어지지는 않고 2~5년 세월이 흘러가면서 아주 서서히 매상이 떨어진다. 어느 날은 매상이 90만원인데 어느 날은 매상이 20만원이 되기도 한다.

(6) 하루 매상 100만원일 경우-돈을 모을 수 있는 음식점

월 900만원 안팎의 수익이 발생하므로 몸은 고생해도 행복지수는 날로 높아진다. 월 순이익 1천만원 수준을 넘기면 이젠 자신의 음식점이 성공하였다고 자부하고, 자기는 가만히 있는데도 돈이 굴러들어온다고 착각한다. 이 상태이면 주방장과 종업원을 여러 명 고용한 뒤 부부는 놀러 다닐 수도 있는 상태가 되지만 돈 버는데 재미가 붙어 꼭 매장에 붙어 있으려고 한다. 이 경우 월수입을 전부 쓰지 말고 생활비를 제외한 나머지는 반드시 저축해야 한다. 저축한 금액은 몇 년 뒤 매장을 확장하거나 직영점을 내는 데 활용할 수 있다. 직영점 3개 정도 내면 더 바쁘게 살겠지만 최소한 돈 걱정은 안 하고 살 수 있을 것이다. 또한 천천히 프랜차이즈 사업을 시도할 수도 있다.

(7) 하루 매상 150만원일 경우-흔히 말하는 중박 음식점

하루 매상이 150만원인 점포는 흔히 말하는 중박 이상의 성공한 음식점들이다.

유명 햄버거 프랜차이즈 중에서 입지 조건이 나쁜 지방에 있는 점포인 경우 일매 110만원 정도를 찍는다. 대도시에서 지명도 낮은 지역에 있는 유명 햄버거 체인점들이 일매 130만원~180만원을 찍는다. 그리고 재래시장에서 볼 수 있는 시장 빵집 중 항상 손님이 바글바글대는 빵집이 일매 170만원을 찍는다.

30평 규모의 유명 한식 프랜차이즈 중에서 장사가 잘되는 점포가 일매 150만원 찍고, 장사가 잘되는 주점, 호프집, 고깃집, 일식집, 분식집이 일매 150만원을 찍는다.

(8) 하루 매상 200만 원-흔히 말하는 초대박 음식점

하루 매상 200만 원이면 객단가 7천 원 기준 1일 300인분을 판매하는 초대박 음식점이다. 월 1천 500만원~2천만원의 순수익이 발생한다. 물론 고기를 박리다매하는 주점이라면 이익률이 더 낮아질 것이다. 하루 200만 원 매출이 발생한다면 더할 나위 없이 좋은 시나리오이고 프랜차이즈 사업을 시도해도 성공할 확률이 높다. 또한 매출이 조금 떨어질 무렵이면 장사에 싫증날 수도 있는데 이때 권리금을 많이 받고 바로 팔아 버릴 수도 있다.

그런데 하루 매상 200만원 찍으려면 단골과 유동 인구가 중요하다. A급 상권에 입점한 유명 패스트푸드점, 외식업 체인점이 일매 200만원 이상 찍는다. A급 상권에서 장사가 잘 되는 고깃집, 한정식, 횟집, 주점, 퓨전음식점, 유명 한식체인점, 일식집, 분식집이 일매 200만원 이상 찍는다. A급 상권에 있는 퓨전포차도 히트치면 일매 200만원 이상 찍는다.

(9) 하루 매상 300만원 이상-맛집이거나, 유동 인구가 많거나, 매장 크기가 큰 음식점

유동 인구가 많은 오피스 밀집 지역은 20평 크기의 분식점도 장사를 잘하면 일매 300만 원 이상 찍기도 한다. 또한 지방의 전통적인 맛집이거나, 점포 크기가 상대적으로 큰 경우다. 객단가가 높은 음식점이거나, 부촌에서 장사가 잘되는 음식점이 이에 속한다.

A급 상권이거나 강남 부촌 등에서 장사가 잘되는 고깃집, 주점 등이 일매 300만원 이상 찍고, A급 상권으로 비즈니스 밀집 지역에서 장사가 잘되는 20평 크기의 분식점이 일매 300만 원 이상 찍는다. 대형 아파트단지에서 맛으로 유명한 개인 빵집도 일매 300만원 이상 찍는다.

갈비 숯불구이집이 부촌에서 초히트치면 일매 1,000만원을 찍는다. 바닷가의 유명 횟집이라면 일매 400만원 이상 찍는다. 더 유명하고 드라이브족이 많이 찾는 횟집이라면 일매 700만원을 찍기도 한다. 도시 외곽에 새로 음식점을 세웠는데 맛집으로 유명세를 타면서 손님들이 몰려온다면 일매 300만원 이상 찍고 업종에 따라 일매 500만원 찍는 집과 일매 700만원을 찍기도 한다.

(10) 하루 매상 1천만 원-기업형 음식점

유동 인구가 많은 곳에 위치한 유명 패밀리 레스토랑 가맹점들은 보통 일매 1천만원 이상을 찍는다. 유명 프랜차이즈의 본점은 대부분 대형이다. 이들 중 장사를 잘하는 본점들이 보통 일매 400만원, 500만원을 찍고, 일매 1천만 원 이상 찍는 본점도 있다. 보통 고깃집, 쌈밥집, 보쌈집, 오리요릿집처럼 객단가가 높은 업체들의 본점이 가능하다.

〈표 64〉 한식 갈비집의 초기 창업비용

품목	내용	금액
가맹비	·상표사용권 부여 및 지역 독점영업권 보장	·400만원 ※전략지역 할인이벤트 확인
교육비	·가맹점 운영 교육 및 매뉴얼 제공, 노하우 전수	600만원
물품 보증금	·본사 공급 원부자재에 대한 예치금(가맹계약 해지 시 반환)	400만원 → 200만원 ※200만원 할인행사
점포개발비	·나이스비즈맵과 SK텔레콤 상권분석 시스템	100만원 → 0원 ※100만원 할인행사
인테리어	·설계 및 3D 디자인/바닥타일 공사 ·목공사(자재/인건비/유리·금속 공사 ·전기, 조명공사/도장, 필름공사/사인물 일체	4200만원 ※33m² 당 140만원
홀/주방기물	·2인/4인 테이블, 단체석 일체 등	1500만원
간판	·외부 전면 잔넬 텍스트 간판 (4M) ·돌출 간판 및 사이드 간판	450만원
기기설비	·로스터(착화식), 삼중불판 ·냉장/냉동고, 간데기 etc, 육류냉장고 등 ·샐러드바, 아이스크림케이스, 식혜, 커피머신	2250만원
홍보/오픈지원	·웹카메라 1대/음향기기SET/홍보물 및 조형물 일체	50만원

〈표 65〉 외식업 초기 창업비용(단위 : 만 원)

구분	99.17m²	132.23m²	165.28m²	198.34m²	세부내역	비고
가맹비	800	800	800	800	상호·상표사용(브랜드가치) 등	소멸
교육비	200	200	200	200	메뉴·운영·서비스·식자재 교육	체류비 등 점주부담
인테리어	3900	5200	6500	7800	목공사, 설비, 방수공사, 천정, 전기 등	평당 130만 원
간판	500	600	700	750	전면LED간판, 돌출간판 등	그 외 별도
닥트	550	700	850	1000	외부 2층 기본, 내부 및 주방 닥트	3층 이상 별도
테이블·의자	400	520	640	760	홀 의·탁자	
테이블렌지	270	350	430	510	2구렌지	
주방기기·홀집기	2100	2700	3300	3900	식기세척기, 주방기기 등	주물불판은 본사 무료 대여
인쇄·홍보·소품	200	250	300	400	이벤트, 전단지, 추억의 소품 일체	
합계	8920	1억1320	1억3720	1억6120		

참고문헌

김동순, "한식당 창업 퓨전옷 입고 웰빙 바람", 창업경영신문, 2014.5.7. 제 350호.

김상훈, "불황기에 강한 만두 전문점", 외식경영, 2016.11, 122-123.

_____, "생선구이 조림 프랜차이즈", 월간식당, 2017.12, 188.

김성은, "국민 전통 갈비", 월간식당, 2015.08, 174-175.

김준성, "골라먹는 4단계 매운맛, 지존", 외식경영, 2016.08, 92-93.

김진환(2009), 「브랜드 포지셔닝」, (서울: 와이미디어).

김현희,이대홍(2015), 「외식창업실무론」, (서울: 백산출판사)

농촌진흥청, "도정 쌀겨층 박리 기준", 국립식량과학원, 2017.

_____, "주요 작물 품종 해설서", 국립식량과학원, 2015.

민계홍(2007), "한(韓)브랜드 활성화를 위한 전주지역 한식당의 메뉴 품질 평가에 관한 연구", The Korean Journal of Culinary Research, 제13권, 제3호.

박기용(2009), 「외식산업경영학」, (서울: 대왕사).

박선정, "무한갈비 리필", 월간식당, 2016.12, 184-185.

　　　　"생선구이, 조림", 월간식당, 2017.12, 186-199.

박수진, "사골육수로 맛을 낸 곰탕 전문점", 월간식당, 2014.04, 190-191.

설현진, "요리에 한국을 담다. 한식소스", 월간식당, 2013.08, 194-195.

신민주, "신개념 갈비찜 전문점", 월간식당, 2014.07, 172-173.

육주희, "가보정, 갈비 메뉴", 월간식당, 2014.02, 127-130.

　　　　"성공 레시피", 월간식당, 2014.06, 102-108.

이내경, "더 맛 구이구이 쪽갈비", 월간식당, 2016.07, 184-185.

이동은, "한식뷔페 트렌드", 월간식당, 2017.02, 126-134.

이용선. 박주영(2013), 「창업경영론」, (서울 : 인플로우)

이정연, "한식 프랜차이즈", 월간식당, 2014.08, 79-87.

최영욱. 노상욱(2010), 「잘되는 이색 아이템」, (서울 : ㈜새빛에듀넷).

최재봉(2007), 「성공하는 구이전문점 창업하기」, (서울 : 크라운출판사).

최혜련. "외식산업 성장추이" 동아일보, 2017.09.11

함주한(2010), 「마케팅 무조건 따라하기」, (서울 : ㈜도서출판 길벗).

한눈에 읽는 외식창업 성공 이야기 [시리즈 3]

익숙함과 친근함의 키워드 한정식 전문점

발 행 일 : 2018年 6月 1日

저 자 : 김 병 욱

발 행 처 : 킴스정보전략연구소

홈 페 이 지 : http://www.kimsinfo.co.kr

주 소 : 서울시 강동구 성내로8길 9-19(성내동
550-6) 유봉빌딩 301호(☎ 482-6374~5,
FAX : 482-6376)

출판등록번호 : 제17-310호(등록일: 2001.12.26)

인 쇄 : 으 뜸 사

I S B N : 979-11-7012-138-1

※ 당 연구소에서 발간하는 도서구입, 도서발행, 연구위탁, 강의, 내용질의,
컨설팅, 자문 등에 대한 문의 ☎(02)482-6374.